Katharina Schlegl-Kofler

Husky

Fotos: Ulrike Schanz

Zeichnungen: Renate Holzner

INHALT

T Y P I S C H

SIBERIAN HUSKY

- menschenfreundlich
- lebhaft und neugierig
- voller Bewegungsdrang
- jagdbegeistert
- liebt die Gemeinschaft
- nicht ganz einfach zu erziehen

Wer einmal einen Siberian Husky in Aktion gesehen hat, wird sich kaum der Faszination dieser Rasse entziehen können. Ihre Lebensfreude und geballte Energie, die Freundlichkeit und ihr interessantes Aussehen machen die Huskys immer beliebter. Doch diese Hunderasse hat ganz besondere Ansprüche an Haltung und Beschäftigung. Diesen Ansprüchen gerecht zu werden, ist nicht immer ganz einfach, besonders dann nicht, wenn der Husky nicht im Schlittenhundesport eingesetzt wird.

ENTSCHEIDUNGSHILFEN

1 Ein Huskyleben kann 15 Jahre und mehr dauern, die er – integriert in sein Rudel – mit seinen Menschen verbringen möchte. Wollen und können Sie diese lange Zeit den rassespezifischen Bedürfnissen des Hundes gerecht werden?

2 Der Husky ist ein Arbeitstier, das ständig beschäftigt werden will. Sind Sie bereit, in den nächsten zehn oder mehr Jahren Ihre Freizeit Ihrem Husky zu widmen? Sind Sie und Ihre Familie aktiv, unternehmungslustig und naturbegeistert bei jedem Wetter, vor allem im Winter? Sind in erreichbarer Nähe geeignete Auslaufflächen für Ihren Hund?

3 Huskys sind sehr gesellige Hunde und bleiben normalerweise nur ungern allein. Ist gewährleistet, daß der Husky möglichst wenig allein ist?

4 Die Haltung eines Huskys ist kostenintensiv. Neben den laufenden Kosten für Futter, Bedarfsgegenstände, Versicherungen usw. kommen unter Umständen auch Ausgaben für aufwendige tierärztliche Behandlungen hinzu, wenn der Hund z.B. operiert werden muß. Ist Ihnen der finanzielle Aufwand das »Erlebnis« Husky wert?

5 Haben Sie jemanden, der sich während Ihres Urlaubs ausreichend um den Hund kümmert, wenn Sie ihn nicht mitnehmen können oder wollen?

6 Ist Ihnen bewußt, daß ein Husky zweimal im Jahr Berge von Haaren in Ihrer Wohnung/Ihrem Haus hinterläßt?

7 Ist Ihre Familie frei von Hundehaar-Allergie?

8 Wollen Sie mehrere Huskys zusammenhalten, müssen Sie sich im klaren sein, daß sie gelegentlich heulen. Klären Sie deshalb vorher mit den Nachbarn, ob eine Haltung mehrerer Hunde auf dem Grundstück überhaupt zu realisieren ist.

Ein oder mehrere Hunde?

Als sehr geselligen Hund sollten Sie Ihren Husky nicht allein lassen. Wenn dies nicht möglich ist, kann ein zweiter Hund, auch einer anderen Rasse, als Gefährte manches erleichtern.

Huskys können gut im Rudel gehalten werden, betrachten fremde Hunde unter Umständen dann aber als Rivalen.

Mehrere Huskys wird man in der Regel in einem Zwinger halten, welcher ausreichend groß (mindestens 10 qm pro Hund) und absolut ausbruchssicher sein muß. Der Zaun sollte etwa 20 cm tief einbetoniert werden und mindestens 1,80 m hoch sein.

ANSCHAFFUNG UND EINGEWÖHNUNG

Trotz seines wolfsähnlichen Aussehens führt der Husky nicht mehr Blut seiner Vorfahren in den Adern als andere Hunderassen. Sein Aussehen spiegelt vielmehr seine optimale Anpassung an die besonderen klimatischen Verhältnisse seiner Heimat wider.

Herkunft und Geschichte

Die Geschichte der Schlittenhunderassen ist eng mit der der Nordlandvölker verknüpft. Von jeher waren diese Menschen auf ihre Hunde angewiesen. Zuerst dienten sie überwiegend als Packtiere und Jagdhelfer, später, etwa ab 2000 v. Chr., als Zugtiere vor dem Schlitten. Für die nordischen Völker einschließlich vieler Indianerstämme wurde der Hundeschlitten für lange Zeit das wichtigste Transportmittel und ist es zum Teil noch heute. Diese Nordlandhunde waren die Vorläufer der heutigen Nordischen Hunderassen. Sie waren mittelgroß, äußerst robust und kräftig. Weitere Merkmale waren das dichte Fell, ein buschiger Schwanz und Stehohren. Gezüchtet wurde nur nach den Kriterien Leistung und Gesundheit sowie Freundlichkeit. Darüber hinaus führten vor allem auch die rauhen Lebensbedingungen zu einer harten Auslese. Es entwickelte sich eine gezielte Zucht nach Eigenschaften wie Schnelligkeit, Tragkraft usw., die verschiedene Rassen entstehen ließ.

Trotz seines aparten Aussehens sollte man sich die Anschaffung eines Huskys genau überlegen.

Der Ursprung der Huskys liegt in Ostsibirien. Von dort aus gelangten sie zu Beginn dieses Jahrhunderts nach Alaska, wo sie schnell immer mehr Liebhaber fanden.

Legendär ist der Einsatz von Huskygespannen zur Rettung der Bevölkerung von Nome, wo 1925 eine Diphtherie-Epidemie ausbrach. Dort war jedoch nicht genug Serum vorhanden, deshalb mußte es so schnell wie möglich aus der etwa 1000 Meilen entfernten Stadt Nenana geholt werden. Seit 1973 erinnert das alljährlich stattfindende Iditarod-Rennen an dieses Ereignis.

Mitte der fünfziger Jahre kamen die Huskys nach Mitteleuropa, wo sie sich seitdem steigender Beliebtheit erfreuen. Und auch der Schlittenhundesport faßte hier Fuß.

Die wichtigsten Rassemerkmale

Der Siberian Husky gehört zur FCI-Gruppe 5 - Spitze und Hunde vom Urtyp - und innerhalb dieser Gruppe zur Sektion Nordische Schlittenhunde.

Charakteristisch für die nordische Herkunft des Siberian Huskys sind sein mäßig kompakter Körperbau, sein dichtes Fell, die buschige Rute sowie seine Stehohren. Sein Körperbau befähigt

Zusammen mit Artgenossen fühlen sich Huskys so richtig wohl.

ihn für seine Aufgabe, leichtere Ladungen mit dem Schlitten über große Distanzen zu transportieren. Der Gang des Siberian Huskys ist flüssig und scheinbar mühelos. Sein Fell besteht aus einem »Außenmantel« aus Grannenhaaren und einer dichten, weichen Unterwolle. Die Rute wird elegant sichelförmig über dem Rücken getragen, aber nicht geringelt. In Ruhestellung oder bei der Zugarbeit wird sie meist hängend getragen. Alle Farben von Schwarz bis Reinweiß mit einer Vielzahl von Abzeichen am Kopf sind zugelassen. Die Widerristhöhe beträgt bei Rüden etwa 53 bis 60 cm, bei Hündinnen etwa 51 bis 56 cm. Das Gewicht der Rüden liegt, je nach Größe, zwischen 20,5 und 27,5 kg, das der Hündinnen zwischen knapp 16 und 22,5 kg.

Der Charakter des Siberian Huskys

Der Siberian Husky ist ein freundlicher, sanfter, aber temperamentvoller Arbeitshund. Er ist sehr an seiner Umwelt interessiert, intelligent, verspielt und lernt schnell. Als erwachsener Hund kann er etwas reserviert sein, ist aber weder gegen Menschen noch gegen Artgenossen aggressiv. Als Wach- oder Schutzhund ist er absolut nicht geeignet. Er bellt kaum, kann aber schön heulen. In seiner Heimat wird er nicht verwöhnt, sondern muß sich seit jeher zu einem Großteil selbst um sein Überleben kümmern,

was eine ordentliche Portion an Selbständigkeit und Eigenwilligkeit notwendig macht. Diese Eigenschaften machen den Siberian Husky auch heute noch trotz seiner Lernbereitschaft zu einem nicht ganz einfach zu erziehenden Hausgenossen. Dazu kommen seine Rennleidenschaft sowie sein Jagdeifer. Er liebt das Rudelleben und bleibt nur sehr ungern allein.
Von klein auf braucht er eine systematische Erziehung mit viel Konsequenz, Beständigkeit und Geduld. Außerdem benötigt er für sein Wohlbefinden viel Bewegung und eine rassegerechte Beschäftigung.

Überlegungen vor der Anschaffung

Die Entscheidung für einen Hund sollte sehr genau überlegt werden. Kein anderes Heimtier geht eine so enge Bindung an den Menschen ein wie ein Hund. Der Siberian Husky ist ein sehr soziales Wesen und braucht engen Anschluß an die Familie oder an Artgenossen. Erziehung und Pflege, vor allem aber seine Beschäftigung erfordern viel Zeit und Verständnis. Nur wenn Sie alle Fragen der Entscheidungshilfen (→ Seite 6) mit ja beantworten können, ist ein Husky das geeignete Heimtier.

Rüde oder Hündin?

Hündinnen werden zweimal im Jahr etwa drei Wochen läufig, das erste Mal meist im Alter zwischen sieben und zehn Monaten. In dieser Zeit versucht die Hündin, einen Rüden zu finden, was eine entsprechende Aufmerksamkeit erfordert. Rüden sind, wenn sie mit etwa dem gleichen Alter geschlechtsreif sind, »allzeit bereit«. Den Geruch einer läufigen Hündin nimmt der Rüde über mehrere Kilometer hinweg wahr und ist dann bemüht, zu seiner »Auserwählten« zu gelangen.

Checkliste
Vor der Anschaffung

1. Holen Sie sich möglichst viele Informationen über den Siberian Husky in der entsprechenden Literatur.
2. Besuchen Sie einige Rennen und Ausstellungen. Termine erfahren Sie beim VDH oder bei Schlittenhundvereinen.
3. Überlegen Sie, ob besser ein Rüde oder eine Hündin in Ihr Leben paßt.
4. Prüfen Sie, ob Sie bei Bedarf einen zweiten oder mehrere Hunde halten können.
5. Machen Sie Ihr Grundstück absolut ausbruchssicher durch einen Zaun, der ungefähr 20 cm tief einbetoniert ist und mindestens 1,80 cm hoch sein muß.
6. Erkundigen Sie sich beim Tierarzt oder bei örtlichen Hundevereinen nach guten Prägungsspieltagen für Welpen und melden Sie Ihren Hund dort an.
7. Holen Sie Ihren Welpen (mit Impfpaß) mit acht, spätestens zehn Wochen beim Züchter ab.

TIP

Rechtsfragen zur Tierhaltung

Wer sich einen Hund anschaffen möchte, sollte sich auch frühzeitig über bestimmte rechtliche Dinge informieren.

✔ Haben Sie das Haus oder die Wohnung gemietet, müssen Sie noch vor der Anschaffung die Erlaubnis des Vermieters einholen.

✔ Schließen Sie auf jeden Fall eine Hundehaftpflichtversicherung ab.

✔ Machen Sie Ihr Auto »hundetauglich«, das heißt, der Hund muß im Auto sicher untergebracht sein. Für den Sitz brauchen Sie einen speziellen Hundesicherheitsgurt. Fährt der Husky im Heck eines Kombis mit, muß der Laderaum mit einem vom TÜV zugelassenen Gitter oder Netz vom Fahrgastraum abgetrennt sein. Ansonsten kann es »im Falle eines Unfalles« zu Problemen mit der KFZ-Versicherung kommen.

✔ Erkundigen Sie sich bei der Stadt- oder Gemeindeverwaltung nach den Formalitäten für die Anmeldung des Hundes wegen der Hundesteuer. Dabei können Sie auch nach eventuellen Vorschriften wie Leinen- oder Maulkorbzwang fragen.

Sind überwiegend Hündinnen in Ihrer Umgebung, hätten Sie es mit einer Hündin einfacher. Wohnen in der Umgebung mehr Rüden, spräche dies für die Anschaffung eines Rüden. Im allgemeinen gilt, daß Hündinnen leichter lenkbar sind als Rüden. Aber Ausnahmen bestätigen die Regel. Huskys sind meist sehr verträglich. Dennoch werden Rüden eher in »Handgreiflichkeiten« verwickelt als Hündinnen.

Welpe oder erwachsener Hund?

In den ersten vier Lebensmonaten durchlebt ein Hundekind sehr wichtige Entwicklungsphasen, deren Verlauf sich auf sein ganzes Leben auswirkt. Wer sich darüber mit entsprechender Literatur vorher eingehend informiert, auf eine gute Herkunft des Welpen achtet und die nötige Zeit investiert, kann auf diese Entwicklung gezielt Einfluß nehmen und so erreichen, daß der Welpe gut gerüstet ist für ein Leben in unserer zivilisierten Welt.

Beim erwachsenen Hund ist oft nicht mehr nachvollziehbar, welche guten oder schlechten Erfahrungen sein Leben geprägt haben, so daß es hier schon die eine oder andere Überraschung geben kann. Da Huskys nicht so sehr auf einen bestimmten Herrn fixiert sind, leben sie sich grundsätzlich relativ problemlos in eine neue Umgebung ein. Einen erwachsenen Husky kann man dann also übernehmen, wenn man weiß, daß er aus einer guten Zucht stammt, beim Erstbesitzer optimal gehalten und aufgezogen wurde und seine neuen Lebensbedingungen nicht im krassen Gegensatz zu den vorherigen stehen.

Schlittenhunde im Porträt

Neben dem Siberian Husky gibt es noch drei weitere Schlittenhunderassen, die sich ebenfalls durch gezielte Zucht aus ursprünglichen Nordlandhunden entwickelten. Es wurden Standards für Aussehen und Wesen aufgestellt, und im Lauf der Zeit erhielten die Rassen die internationale Anerkennung durch die Federation Cynologique International (FCI). Außerdem gibt es noch einige nicht anerkannte »Rassen«, von denen der Alaskan Husky der bekannteste ist. Allen gemeinsam ist ihr freundliches Wesen, ihre physische Härte und ein deutlicher Jagdtrieb. Sie sind keine Hunde für jedermann.

Der Alaskan Malamute

Er ist der größte und schwerste Schlittenhund (bis 63,5 cm Schulterhöhe, 39 kg). Der Malamute ist sehr selbstbewußt und kraftvoll, auch anderen Hunden gegenüber. Er muß konsequent erzogen werden und braucht vor allem bei der Haltung im Rudel eine feste Hand. Obwohl ruhig und gelassen, liebt der intelligente Hund die Beschäftigung. Vor dem Schlitten ist er kein Sprinter, kann aber sehr schwere Lasten ziehen und auch tragen.

Der Samojede

In Nordrußland wurde er als Rentierhüter, Schlittenhund und Jagdgehilfe eingesetzt. Seine Stärke ist die Ausdauer vor dem Schlitten sowie die Fähigkeit, schwere Lasten zu ziehen. Er ist kleiner als der Malamute (bis 56 cm, 30 kg), reinweiß bis sahne-gelb und vom Verhalten her ein fröhlicher, verspielter und anhänglicher Geselle, der sich auch relativ gut erziehen läßt. Allerdings bellt er gerne. Wie seine »Kollegen« hat auch der Samojede seinen eigenen Kopf und braucht deshalb eine konsequente, einfühlsame Erziehung. Als echter Arbeitshund will auch dieser Hund ausgiebig beschäftigt werden.

Der Grönlandhund

Dieser Hund ist der ursprünglichste und rauhste unter den genannten Rassen. Er ist noch ein reiner Eskimohund, der in seiner Heimat ein halbverwildertes Dasein unter härtesten Bedingungen fristet. Deshalb ist er ausgesprochen eigenwillig, selbständig und sehr schwer erziehbar. Er arbeitet hart und ausdauernd vor dem Schlitten. Mit diesem Hund muß man sich ebenfalls ausgiebig beschäftigen. Seine Schulterhöhe mißt bis 60 cm bei einem Gewicht von ca. 35 kg.

Der Alaskan Husky

Der Alaskan Husky ist der schnellste unter den Schlittenhunden. Er wird durch Kreuzungen des Siberian Huskys mit Jagd- und Windhunden gezüchtet. Durch diese Einkreuzungen ist er relativ gut zu erziehen, hat aber einen enormen Bewegungsdrang. Sein Aussehen ist bei der Zucht irrelevant, nur das Tempo zählt.

Bei Siberian Huskys gibt es sehr unterschiedliche Fellfarben.

IM PORTRÄT: SCHLITTENHUNDE

Durch gezielte Zucht haben sich aus ursprünglichen Nordlandhunden verschiedene Schlittenhunderassen entwickelt. Vier Rassen wurden international anerkannt, der Alaskan Husky gehört nicht dazu.

Siberian Husky – hier braun-weiß.

Der Samojede ist ein fröhlicher, aber manchmal bellfreudiger Geselle.

Sehr ursprünglich und eigenwillig ist der Grönlandhund.

Der Malamute – ein selbstbewußtes Kraftpaket.

Auch diese Farbe ist beim Grönland-hund zugelassen.

Tempo ist sein Leben – der Alaskan Husky.

Der Siberian Husky ist ein arbeitsfreudiges Energiebündel.

In 5 Schritten zum richtigen Welpen

1 Nehmen Sie Kontakt zu den Welpenvermittlungen des VDH und des DCNH auf (Adressen → Seite 62).

2 Informieren Sie sich mit entsprechender Literatur über Aufzucht, Entwicklung und Erziehung des Welpen (Literaturhinweise → Seite 62).

3 Besuchen Sie mehrere Züchter und wählen Sie den richtigen nach den Kriterien »artgerechte und menschenbezogene Haltung« sowie »Hygiene und Sauberkeit« aus.

4 Besuchen Sie die Welpen möglichst oft und wählen Sie mit Hilfe des Züchters den zu Ihnen passenden Husky aus.

5 Besuchen Sie baldmöglichst mit Ihrem Welpen bis zum Ende der Sozialisierungsphase Welpenspieltage.

Gründliche Information ist der Anfang

Der Siberian Husky ist eigentlich nicht für ein Dasein in unserer zivilisierten und häufig der Natur entfremdeten Welt geschaffen. Wer sich einen Siberian Husky nur wegen der blauen Augen und der aparten Fellzeichnung hält, ohne auf seine speziellen Bedürfnisse einzugehen, wird nicht lange Freude an seinem Vierbeiner haben. Und auch der Husky wird sich dabei nicht wohlfühlen und dies zeigen.

Vor der endgültigen Entscheidung für einen Siberian Husky als neues Familienmitglied sollten Sie sich deshalb eingehend über diese Rasse und ihre Bedürfnisse informieren. Sehr empfehlenswert ist dabei der Besuch eines Schlittenhunderennens oder einer Hundeausstellung. Auf solchen Veranstaltungen kann man Kontakte zu Züchtern und anderen Huskyliebhabern knüpfen und sich ein gutes Bild von der Rasse machen. Termine erfahren Sie beim VDH und bei den Schlittenhundverbänden (→ Adressen, die weiterhelfen, Seite 62). Bei diesen Verbänden erhalten Sie auch die Adressen der Welpenvermittlungen.

Der richtige Züchter

Besuchen Sie möglichst mehrere Züchter. So können Sie besser vergleichen und den richtigen Züchter auswählen. Bei der Auswahl dazu gibt es einiges zu bedenken.

✔ Huskys werden, wie viele andere Rassen, mittlerweile als Sporthunde und Showhunde gezüchtet. Bei letzteren ist vor allem das Aussehen wichtig – weniger die anderen Eigenschaften. Show-Huskys sind oft nicht so ausdauernd, aber meist eigenwilliger und schwieriger zu erziehen. Sporthunde müssen dagegen eine bestimmte Führigkeit mitbringen, um vor dem Schlitten eingesetzt werden zu können.

✔ Die meisten Huskyzüchter sind »Musher«, also Schlittenhundesportler, und halten mehrere Hunde, die in Zwingern im Rudel leben. Im Gegensatz zum einzeln gehaltenen Wohnungshund sind hier ein optimales Sozialverhalten im Rudel sowie die Gewöhnung an alles, was mit dem Schlittenhundesport zu tun hat, das Wichtigste. Deshalb ist eine besondere Gewöhnung an Menschen, Geräusche im Haus, Verkehr, Treppen usw. nicht nötig. Für den Husky aber, der als Einzelhund in die Familie integriert werden soll, sind diese Dinge wichtig, um möglichst streß- und angstfrei mit unserer Umwelt zurecht zu kommen.

Fühlt sich ein Husky einsam, beginnt er zu heulen.

Suchen Sie deshalb einen Züchter, der sich ausgiebig mit seinen Welpen beschäftigt und sie mit ihrer Umwelt vertraut macht. Nicht zu vergessen ist natürlich, daß die Hunde des Züchters einen gesunden, munteren Eindruck machen sollen und die Zwingeranlage sauber und gepflegt sein muß. Ein verantwortungsvoller Züchter wird seine Welpen nur an solche Personen abgeben, die dem Hund ein rassegerechtes Dasein ermöglichen werden.

Huskys lieben ausgiebige Ausflüge in der Natur.

Der richtige Welpe soll es sein

Ein guter Familienhusky sollte sehr menschenbezogen, einigermaßen unterordnungsbereit und führig sein. Keinesfalls darf er ängstlich, scheu oder aggressiv sein. Besuchen Sie die Welpen möglichst oft, um die einzelnen Charaktere kennenzulernen. Das ist wichtig, denn nicht zu jedem paßt ein dominanter oder sehr weicher Hund. Erfahrene Züchter, die sich auch mit ihren Welpen beschäftigen, kennen die einzelnen Charaktere meist recht gut und können Ihnen bei der Auswahl behilflich sein. Gutes Wesen und Verhalten der Eltern sind ebenfalls von Bedeutung.

Allgemein läßt sich sagen, daß dominante Welpen im Umgang mit Menschen eher frech sind. Sie zwicken in Hände und Kleidung und springen gern hoch. Ein unterwürfiger Welpe leckt die Hände, gibt Pfötchen und verliert bei der Begrüßung eventuell ein paar Urintröpfchen. Einen ausführlichen Test zur Welpenauswahl finden Sie im Buch »Unser Welpe« (→ Seite 62).

Der Transport

Wird der Welpe mit dem Auto abgeholt, sollte man unbedingt zu zweit sein. Die künftige Bezugsperson sollte sich während der Reise um das Hundekind kümmern. Nehmen Sie Halsband, Leine und frisches Wasser sowie einen Vorrat an Küchenkrepp für unterwegs mit. Während der Fahrt halten Sie den Kleinen am besten auf einer Decke auf dem Schoß oder ne-

ben sich auf dem Rücksitz. Auf keinen Fall darf der Welpe in einer geschlossenen Kiste oder gar im Kofferraum transportiert werden.
Bei längeren Fahrten braucht der Welpe mehrere Pausen, um sich zu bewegen und seine »Geschäfte« zu erledigen. Halten Sie ihn dabei unbedingt an der Leine!
Holen Sie Ihr Huskykind mit Bahn oder Flugzeug oder aus dem Ausland, erkundigen Sie sich vorher rechtzeitig nach den Formalitäten. Grundsätzlich sollte der Welpe ein paar Stunden vor der Abholung nicht mehr gefüttert werden.

Die Ausstattung

Auf der Checkliste Seite 19 sehen Sie, was Ihr Welpe braucht. Alles sollte bei seiner Ankunft bereits da sein. Leine und Halsband sollten aus Leder oder textilem Material bestehen. Das Halsband (kein Würge- oder Stachelhalsband!) muß in der Weite, die Leine (keine Automatikleine) in der Länge verstellbar sein. Das »Bett« für den Husky kann einfach, muß aber waschbar und ausreichend groß sein. Er muß sich seitlich ausgestreckt hinlegen können, ohne beengt zu werden.
Auch über einige Spiel- und Knabbersachen wird er sich freuen.

Auf die Herkunft achten

Achten Sie auf eine gute Herkunft Ihres Huskys. Bei den auf Seite 62 genannten Züchterverbänden haben Sie die größte Gewähr, einen gesunden und typischen Husky zu bekommen.
Stammt er aus einem dieser Verbände, finden Sie auf der Ahnentafel die Abkürzungen DCNH (Deutscher Club für Nordische Hunde e.V.), oder VDH (Verband für das Deutsche Hundewesen e.V.). Der VDH nennt Ihnen auch weitere seriöse Zuchtverbände im Ausland außer denen, die auf Seite 62 bereits erwähnt sind.

Checkliste
Ausstattung

1. **Breites, flaches Halsband und Leine, beides verstellbar, z.B. aus textilem Material.**
2. **Stabile Hundepfeife, z.B. aus Büffelhorn; erhältlich im Zoo- oder Jagdfachhandel.**
3. **Hundebett, z.B. eine Hygiene-Isolierdecke; ausreichend groß und waschbar.**
4. **Wasser- und Futternapf, rutschfest und gut zu reinigen; z.B. aus Kunststoff oder Edelstahl.**
5. **Gummistriegel für regelmäßige Haut- und Fellmassage sowie Zupfbürste und Kamm für den Haarwechsel.**
6. **Einige spezielle Hundespielsachen (Zoofachhandel); groß genug, daß sie der Hund gut tragen, aber nicht verschlucken kann.**
7. **Welpengerechte Kauartikel, wie Büffelhautröllchen oder getrocknete Pansenstücke.**
8. **Futter für die erste Zeit (möglichst das gleiche, das auch der Züchter verwendet hat).**

Die ersten Tage zuhause
Im neuen Heim angekommen, soll sich der junge Husky erst mal in Ruhe umschauen. Bekannte und Verwandte werden auf später vertröstet, denn der Welpe soll erst einmal nur »sein Rudel« kennenlernen.

✔ Zeigen Sie ihm Schlafplatz, Spielsachen und, falls er Hunger hat, seinen Futterplatz. Bedrängen Sie ihn nicht. Er wird von sich aus zu allen Familienmitgliedern Kontakt aufnehmen. Will er schlafen, darf er nicht gestört werden.

✔ Machen Sie mehrmals täglich kurze Spaziergänge mit ihm und führen Sie ihn dabei die ersten Tage an der Leine. Nachts sollte er, nicht nur wegen der Stubenreinheit, in Ihrer Nähe schlafen. Also entweder vor Ihrem Schlafzimmer oder direkt neben Ihrem Bett. So fühlt sich Ihr Welpe geborgen und bekommt keine Verlassensängste. Ist er stubenrein und hat sich gut eingewöhnt, können Sie ihn langsam an eine andere Stelle gewöhnen, falls Sie ihn nicht ewig im Schlafzimmer haben wollen. Grundsätzlich jedoch sollte der Husky nicht ganz woanders schlafen als das übrige "Rudel".

Zeigen Sie dem Welpen seinen Schlafplatz.

✔Wichtig für die ersten Tage im neuen Zuhause ist auch, daß Sie ihm noch einige Zeit weiter das Futter geben, das auch der Züchter gefüttert hat. Eine abrupte Umstellung führt zu einer unnötigen Belastung des Verdauungstraktes. Eine spätere Umstellung muß langsam und schrittweise erfolgen.

Die Stubenreinheit
Je aufmerksamer Sie Ihr Huskykind beobachten, um so schneller wird es stubenrein sein. Bringen Sie

Bevor Sie Ihren Husky nach Hause holen, sollten Sie bereits alles, was er braucht, gekauft haben. Dazu gehören die Leine, Futter- und Wassernapf sowie verschiedene Spielsachen.

den Welpen nach dem Schlafen und Fressen sowie während des Spielens zu seinem Löseplatz. Dieser sollte am besten immer das gleiche Fleckchen Wiese sein. Bringen Sie ihn auch dann hinaus, wenn er unruhig herumschnüffelt oder sich im Kreis dreht. Loben Sie ihn für den »Erfolg«.

Lassen Sie ihn nachts in Ihrer unmittelbaren Nähe schlafen und grenzen Sie seinen Aktionsradius dort so ein, daß er sich nicht weit von seinem Schlafplatz entfernen kann. Da sich ein Hund nicht gern in der Nähe seines Lagers » erleichtert«, wird er sich bemerkbar machen, und Sie können ihn sofort hinausbringen.

Macht der Welpe doch mal ins Haus und Sie erwischen ihn auf frischer Tat, bringen Sie ihn lediglich mit einem »Pfui« hinaus. Merken Sie es erst später, beseitigen Sie die Pfütze oder das Häufchen ohne Kommentar. Der Hund würde keinen Zusammenhang zwischen der Bestrafung und dieser »Tat« sehen und nur verunsichert werden. Desinfizieren Sie die verschmutzte Stelle gründlich, damit kein Geruch den Welpen noch einmal veranlaßt, sich dort zu erleichtern.

Sitzt der Welpe an der Tür, sollten Sie ihn zu seinem Löseplatz bringen.

Gefahrenquellen

Vermeiden Sie, daß sich Ihr Welpe zuhause und im Garten verletzen kann. Sichern Sie Gefahrenquellen wie Teich, Treppen, Fenster und Balkon mit Absperrgittern und Netzen. Das Grundstück muß zumindest in dem Bereich, in dem sich der Husky befindet, unbedingt eingezäunt sein. Sichern Sie Licht- und Kellerschächte sowie z.B. Löcher für Wäschespinnen o.ä. Entfernen Sie giftige Garten- und Zimmerpflanzen oder zäunen Sie sie ein.

Balkon mit Gitter sichern.

Kellerschächte im Garten abdecken.

Achten Sie darauf, daß Kleinteile wie Kinderspielzeug, Nägel, Nähnadeln oder Scherben, die der Hund verschlucken könnte, sowie Elektrokabel außer Reichweite des Welpen sind. Damit der Welpe nicht zu oft ausrutscht, sollte man größere glatte Flächen mit Teppichen abdecken. Häufiges Ausrutschen schadet Bändern und Gelenken.

Lassen Sie Ihren jungen Hund nie längere Zeit unbeaufsichtigt, weder im Haus noch im Garten. Ähnlich wie Kinder kommen auch junge Hunde gelegentlich auf Einfälle, an die Sie gar nicht gedacht haben. Aus dem Garten kann ein Welpe außerdem leicht gestohlen werden.

DER RICHTIGE UMGANG IM ALLTAG

Die wichtigsten Prägungs- und Entwicklungsphasen laufen in den ersten vier Monaten ab. Ihr optimaler Verlauf ist wichtig für eine gesunde Wesensentwicklung des Huskys. Hier liegt eine große Verantwortung, sowohl beim Züchter als auch bei Ihnen.

Gespannt wartet der Husky darauf, daß es wieder etwas für ihn zu tun gibt.

Die Lebensphasen des Hundes

Auf seinem Weg vom Welpen bis zum alten Hund erlebt der Husky einige Phasen, die sich durch verschiedene Bedürfnisse und Ansprüche unterscheiden.

Der Welpe

In den ersten 14 bis 16 Lebenswochen gibt es begrenzte Zeiträume, in denen das Gehirn jeweils für ganz bestimmte Erfahrungen empfänglich ist. Positive wie negative Erlebnisse können sich auf das ganze Leben auswirken, Versäumtes läßt sich nur schwer, oft gar nicht mehr nachholen.

In den ersten beiden Wochen ist der Welpe blind und taub und noch hilflos. er ist voll auf seine Mutter angewiesen. Und doch laufen schon wichtige Prozesse für seine gesunde Entwicklung ab.

In der dritten bis achten Woche prägt sich ein, wer Artgenosse ist. Da im weiteren Sinn dazu auch der Mensch gehört, ist es äußerst wichtig, daß der Welpe positive Erfahrungen mit verschiedenen Menschen macht. Umwelterlebnisse, z.B. in Form eines »Abenteuerspielplatzes«, sind jetzt ebenfalls wichtig für eine gesunde Entwicklung. Der Züchter trägt also eine große Verantwortung für einen guten Start seiner Welpen ins Leben.

Von der neunten bis etwa zur vierzehnten Woche lernt der Welpe innerartliches Sozialverhalten im Spiel mit anderen Hunden, vorwiegend mit etwa gleichaltrigen Artgenossen. Seine Neugierde steigt mit seiner körperlichen Entwicklung. Einen zukünftigen Sporthund, der zusammen mit anderen Huskys gehalten wird, kann man bis zum Ende dieses Abschnittes bei der Mutter und den Geschwistern lassen, um dieses Sozialverhalten zu lernen. Ein Husky, der als Familienhund gehalten wird, sollte jedoch spätestens mit zehn Wochen in sein neues Zuhause umsiedeln. Dadurch erhält der kleine Hund Gelegenheit, sich mit seinem zukünftigen Lebensumfeld vertraut zu machen. Dazu gehören Kontakt zu verschiedenen Menschen und zu anderen Hunden (z.B. Welpenspieltage, → unten) sowie die Gewöhnung an Dinge wie Verkehr, Menschenansammlungen, Treppen, Geräusche, Geländeformen, Autofahren usw.

In dieser Zeit lernt der Welpe die ersten Kom-

Die Lebensphasen des Huskys

Phase	Kennzeichen/Bemerkungen
Der Welpe	
1. und 2. Woche	Augen und Ohren sind geschlossen, Wärme- und Geruchssinn funktionieren eingeschränkt. Frühstreß durch selbständige Suche nach Gesäuge und Wärmequellen (Mutter und Geschwister) wichtig für gesunde Entwicklung.
3. bis 8. Woche	Erste Prägungsphase oder sensible Phase. Körperliche Entwicklung und Interesse an Umwelt schreiten fort. Optimale Prägung auf Artgenossen und Menschen erfolgt nur in dieser Zeit! Umwelterlebnisse sind wichtig!
9. bis ca. 14. Woche	Zweite Prägungsphase oder Sozialisierungsphase. Welpe zeigt große Bereitschaft, zu lernen und sich in ein Rudel zu integrieren. Großes Interesse an der Umwelt. Welpe soll mit allem vertraut gemacht werden, was zu seinem künftigen Lebensumfeld gehören wird.
Der Junghund	
Ende 4./5. Monat	Nun kann sich eine Flegelphase anschließen. Ihre Fähigkeit als Rudelführer wird getestet. Prägungsphasen sind weitgehend abgeschlossen. Vermeiden Sie unerwünschte Erfolgserlebnisse Ihres Huskys. Bestehen Sie auf der Einhaltung geltender Regeln und Grenzen.
2. Lebenshalbjahr	Die wichtigsten Entwicklungsschritte sind abgeschlossen. Der Hund kommt in die Pubertät und wird geschlechtsreif: Hündinnen werden läufig, Rüden beginnen, ihr Revier zu markieren. Die Pubertät kann von einer erneuten Flegelphase begleitet werden. Manche Hunde werden vorübergehend etwas vorsichtiger. Bleiben Sie weiterhin in der Erziehung beständig und konsequent.
Der erwachsene Husky	
Ende 1. Lebensjahr	Größenwachstum ist abgeschlossen, das Wesen weitgehend geformt. Rundherum ausgewachsen ist der Husky aber erst mit etwa 2 Jahren. Lernbereitschaft und Unternehmungslust sind auch weiterhin wichtige Elemente seines Lebens.
Der alte Husky	
	Wann der Husky »alt« wird, hängt auch von seiner Haltung ab. Der Bewegungsdrang läßt nach, der Husky mag es »gemütlicher«. Halbjährliche Untersuchungen beim Tierarzt sind zu empfehlen, die Ernährung muß auf die geänderten Bedürfnisse umgestellt werden.

mandos und die Regeln für das Zusammenleben mit dem Mensch (→ Erziehung Seite 44). Keinesfalls darf der junge Husky jetzt überbehütet werden. Ein Husky in diesem Alter ist schon ein »richtiger« Hund und will auch so behandelt werden. Überfordern Sie ihn aber nicht.

Welpen- oder Prägungsspieltage sollten Sie besuchen, wenn sich Ihr Welpe einige Tage eingewöhnt hat. Sinn dieser Kurse ist es, während der Sozialisierungsphase das Verhalten zu Artgenossen und Menschen in die richtigen Bahnen zu lenken. Gleichzeitig wird das Selbstvertrauen des Welpen sowie seine Sicherheit der Umwelt gegenüber gefördert. Spielerisch werden die ersten Gehorsamsübungen trainiert. Der Besitzer lernt vieles über den richtigen Umgang mit seinem Vierbeiner. Eine Gruppe sollte nicht mehr als sechs bis acht Welpen umfassen, die in Alter und Größe zusammenpassen sollten. Im Vordergrund steht das gemeinsame Spielen und Erkunden, keinesfalls die Gehorsamsübungen. Erkundigen Sie sich beim Tierarzt oder bei örtlichen Hundevereinen nach diesem Angebot.

Der Junghund

Zwischen dem dritten und vierten Monat sind die Prägungsphasen abgeschlossen und alle Erfahrungen im Gehirn des Huskys gespeichert. Während des fünften Monats bemerkt man oft eine mehr oder weniger ausgeprägte Flegelphase, in der der Junghund Ihre Fähigkeiten als Rudelführer testet. Er hört nicht mehr so gut oder mißachtet bestimmte Verbote, die er bisher akzeptiert hat. Im Laufe des zweiten Lebenshalbjahres beginnt die Pubertät. Auch sie wird meist von einer Flegelphase begleitet. Hündinnen werden zum ersten Mal läufig; Rüden beginnen, ihr Revier durch Urinieren mit einem gehobenen Hinterbein zu markieren. Konsequenz in der Erziehung ist oberstes Gebot, beim Husky jedoch ganz besonders, weil er eine »Schwachstelle« sofort ausnützen wird.

Der erwachsene Husky

Mit Erreichen der Geschlechtsreife ist die Kindheit nun zu Ende.

Der Husky ist nun viele Jahre im Vollbesitz seiner Kräfte und will geistig und körperlich gefordert werden. Tatendrang, Neugierde, Verspieltheit, Lernbereitschaft und Interesse an seiner Umwelt werden auch in Zukunft wichtige Elemente in seinem Leben sein.

Wer sich im ersten Jahr viel Mühe mit seinem Junghund gegeben hat, wird für ihn jetzt ein überzeugender Rudelführer und Partner sein, der es in den Augen seines Huskys wert ist, respektiert zu werden.

Wenn Sie einen Ausbildungskurs zum Begleithund mit Ihrem Husky besuchen wollen, sollten Sie das tun. Auch Schlittenhunde können erzogen werden.

Junge Huskys lassen sich gut an andere Tiere gewöhnen.

Aber sie werden ihre Persönlichkeit bewahren und sich nicht schikanieren lassen. Ungeeignet für Ihren Nordischen ist deshalb eine Ausbildung mit Drill und Zwang, wie man sie noch immer auf manchen Hundeplätzen sieht. Dort wird ein Husky abblocken, jede Mitarbeit verweigern, verängstigt werden oder sich wehren. Gute Kurse sind solche, in denen in kleinen Gruppen (höchstens zehn Teilnehmer) mit positiver Bestärkung – ohne unnötigen Zwang, aber mit der nötigen Konsequenz – gearbeitet wird.

Der alte Husky

Wann ein Husky alt ist, hängt auch von der Haltung ab. Ein unterforderter, überfütterter Husky wird wesentlich eher altern als ein artgerecht gehaltener. Huskys, die mit zehn, zwölf Jahren noch freudig vor dem Schlitten laufen, sind keine Seltenheit. Sie können fünfzehn und mehr Jahre alt werden. Wenn Sie merken, daß Ihr Hund alt wird, sollten Sie Rücksicht auf seine geänderten Bedürfnisse nehmen, auch bei der Ernährung (→ Seite 32). Der Bewegungsdrang läßt nach, und der Hund hat vielleicht Probleme mit Rheuma oder Arthrose. Sein Gang wird steifer, das Aufstehen etwas beschwerlicher und er mag es etwas wärmer.

Die artgerechte Haltung

Der Husky ist sehr lauf- und arbeitsfreudig und ein idealer Begleiter beim Langlauf, auf Berg- und Skitouren und neben dem Rad.

Besonders liebt er natürlich die Arbeit vor dem Schlitten. Wer einmal die überschäumende Begeisterung erlebt hat, mit der Huskys vor dem Rennen, ja schon beim Einspannen, auf den Start warten, der kann sich vorstellen, wie einem Husky zumute sein muß, dem ein Dasein ohne entsprechende Beschäftigung aufgezwungen wird.

Graben und Buddeln in der Erde ist das Hobby vieler Huskys.

Wieviel Bewegung braucht ein Husky?

Wieviele Stunden Sie täglich mit Ihrem Husky in der Natur verbringen sollten, kann man pauschal nicht sagen. Auf jeden Fall muß er mehrmals täglich hinaus, davon einmal so, daß er sich richtig auspowern kann. Ein unausgelasteter Husky ist recht übermütig, gestaltet vielleicht den Garten nach seinem Geschmack oder verändert so manches in der Wohnung. Wer einen entsprechend großen, eingezäunten Garten und mehrere Hunde hat oder regelmäßig einen »einladen« kann, kann die Hunde hier toben lassen. So wird schon einige Energie abgebaut.

Im gemeinsamen Spiel kann der Husky überschüssige Energie loswerden.

Wenn Ihr Husky mal wegläuft

Am Halsband Ihres Hundes sollten Sie eine kleine Kapsel befestigen, in der sich Ihre Telefonnummer befindet. Informieren Sie bei einem »Ausflug« Ihres Huskys das nächste Tierheim, die Polizei und, je nach Gelände, den Revierinhaber. Benachrichtigen Sie mehrere Personen in der Umgebung. Suchen Sie die Gegend mit dem Fahrrad ab und rufen oder pfeifen Sie Ihrem Hund immer wieder. An die Stelle, wo er verschwand, legen Sie eines Ihrer Kleidungsstücke mit einigen Häppchen darauf. Oft kommen Hunde wieder an den Ausgangspunkt ihres Ausfluges zurück.
Finden Sie Ihren Husky nicht, sollten Sie eine Anzeige in Ihrer Tageszeitung veröffentlichen und auch täglich dort nachschauen, ob Ihr Hund jemandem zugelaufen ist.

Zwingerhaltung ja oder nein?

Der Husky ist ein Naturbursche. Die Haltung im Freien entspricht deshalb voll dem Naturell dieser Rasse. Wegen seines besonderen Fells braucht er sogar im Winter nur eine einfache Hütte mit Stroheinlage. Für mehrere Hunde ist deshalb die Zwingerhaltung durchaus artgerecht - vorausgesetzt, der Zwinger ist groß genug und die Hunde bekommen ihre Bewegung, Beschäftigung und Zuwendung.
Ein einzeln gehaltener Husky sollte dagegen nie ausschließlich im Zwinger gehalten werden. Er würde sehr vereinsamen und eventuell in Panik geraten.

TIP

Husky und Kinder

Haben Sie Kinder und wollen Sie sich einen Husky anschaffen, sollten Sie folgendes bedenken:
1. Kinder sollten rechtzeitig den richtigen Umgang mit dem Hund lernen und verstehen, daß ein Hund kein Spielzeug ist. Dazu gehört z.B., daß sie sein Ruhe- und Schlafbedürfnis respektieren. Besonders Welpen dürfen nicht aus dem Schlaf gerissen werden.
2. Achten Sie darauf, daß das Spiel zwischen Kind und Hund nicht zu wild wird.
3. Wenn Sie einen Welpen in die Familie holen, sollte Ihr jüngstes Kind mindestens drei, besser vier Jahre alt sein. In diesem Alter verstehen die Kleinen schon einiges und sind auch nicht mehr ganz so »pflegeintensiv« wie Babys oder Kleinkinder. So können Sie sich leichter die Zeit nehmen, die für die optimale Aufzucht eines Welpen notwendig ist.

Ein Husky allein

Grundsätzlich sollte ein Husky so selten wie möglich alleingelassen werden. Sie müssen ihn rechtzeitig mit System daran gewöhnen (→ Erziehung Seite 44), wenigstens eine kurze Zeit allein zu bleiben. Meist gelingt dies, manchmal auch nicht. Es gibt Huskys, die das Alleinsein einfach nicht ertragen. Sie heulen dann oder stellen zuhause einiges an. In diesem Fall müssen Sie Ihr Leben so einrichten, daß der Hund immer bei Ihnen sein kann, oder Sie finden jemanden, der sich während Ihrer Abwesenheit um ihn kümmert. Das wird jahrelang einigen Aufwand und manche persönliche Einschränkung erfordern. Ein zweiter Hund kann vieles erleichtern. Ist der zweite ebenfalls ein Husky, könnte man sogar einen Hundeschlitten als nächste Anschaffung ins Auge fassen...
Übrigens haben die meisten Musher mit einem »Familienhusky« angefangen. Bald aber infizierte sie der »Husky-Virus« – und so haben sie heute vier, sechs oder mehr Huskys. Und starten begeistert bei Rennen.

Das gemeinsame Spielen

Spielen macht Huskys sehr viel Spaß und ist wichtig für die Entwicklung. So wird z.B. der ganze Körper gestärkt, Herz und Muskeln trainiert. Das Spiel mit Artgenossen dient dem Erlernen von Sozialverhalten.
Das Spiel mit »seinen« Menschen dient einerseits dem Aufbau einer engen Bindung. Andererseits lernt der Hund auch, den Menschen zu respektieren, indem Sie ihn nicht in Körperteile und Kleidung zwicken lassen. Ihre Rolle als übergeordneter Partner können Sie dadurch noch unterstreichen, daß Sie nicht auf jede seiner Spielaufforderungen eingehen, ihn aber Ihrerseits dazu auffordern. Sie bestimmen, wann die Spielstunde zu Ende ist, es sei denn, der Hund hat vorher keine Lust mehr. Im Spiel sollte darauf geachtet werden, daß gerade Kinder nicht dauernd unter dem Hund zu liegen kommen. Macht der Hund gern Ziehspiele, z.B. mit einem alten Handtuch, sollten Sie diese so gestalten, daß Sie auch selbst ab und zu der »Sieger« sind, der die »Beute« davonträgt. Für Kinder ist diese Art des Spielens deshalb nicht so gut geeignet.
Gute Spiele sind z.B. Renn-, Ball- oder Versteckspiele. Bei letzteren wird ein Häppchen oder ein beliebter Gegenstand irgendwo versteckt, und der Vierbeiner darf es suchen. Der Hund bleibt während des Versteckens in einem Zimmer. Anschließend geht man mit ihm und lenkt ihn

mit dem Hörzeichen »Such« zum Versteck. Danach wird er ausgiebig gelobt. Bald wird er wissen, worum es geht und freudig mitmachen. Auch ein kleiner Hindernisparcour im Garten macht vielen Hunden großen Spaß. Hier ist mehr die Geschicklichkeit gefordert. Weitere Anregungen finden Sie in einem auf Seite 62 genannten Buch.

Der kinderfreundliche Husky

Huskys zeigen ein sehr gutes Sozialverhalten und sind sehr menschenfreundlich, nicht aggressiv und spielen sehr gern. Wach- und Schutzinstinkt besitzen sie nicht. Deshalb sind sie auch für Kinder als Spiel- und Knuddelkamerad gut geeignet.

Huskys und Kinder können dicke Freunde werden, vorausgesetzt, sie verstehen, daß der Hund kein Spielzeug ist.

Aber für den Siberian Husky gilt das gleiche wie für alle Hunde: Eine wesentliche Rolle in Bezug auf Kinderfreundlichkeit spielen gute oder schlechte Erfahrungen, die der Hund gemacht hat, und auch die genetische Veranlagung. Deshalb ist es sehr wichtig, daß der Husky beim Züchter in Bezug auf Menschen gut sozialisiert wurde und möglichst auch Kontakt zu Kindern hatte.

VERSORGUNG IM URLAUB

Nehmen Sie Ihren Hund in den Urlaub mit, sollten Sie bereits im Vorfeld einiges beachten.

1. Wählen Sie ein »huskygerechtes« Urlaubsziel.

2. Bei einer Reise ins Ausland sollten Sie sich mindestens zwei Monate vorher nach Impfungen oder sonstigen Formalitäten für Einreise und Beförderung der speziellen Urlaubsländer erkundigen. Bei Flug- oder Bahnreisen sollten Sie sich noch früher kundig machen.

3. Klären Sie bereits vor Buchung der Unterkunft, ob Hunde dort erlaubt sind. Wer mehrere Hunde mitnehmen möchte, muß sich informieren, wieviele mitgebracht werden dürfen.

4. Denken Sie an das Urlaubsgepäck Ihres Huskys. Dazu gehören seine Schlafdecke, Wasser- und Futternapf, Leine und Halsband, Pfeife, ein paar Spiel- und Knabbersachen, ausreichend Futter sowie seine Bürste. Um den Freiheitsdrang Ihres Schlittenhundes in unbekannter Umgebung etwas unter Kontrolle zu bringen, empfiehlt sich eine Automatikleine.

5. Legen Sie bei Autoreisen etwa alle zwei Stunden eine Pause ein.

Der Husky im Urlaub

Wer seinen Husky mit in den Urlaub nehmen will, muß die Bedürfnisse des Hundes berücksichtigen. Fährt er gern Auto, ist er froh, wenn er mit darf. Wollen Sie sich aber im Liegestuhl unter südlicher Sonne erholen, tun Sie Ihrem Nordischen keinen Gefallen, wenn Sie ihn mitnehmen. Und allein im Hotelzimmer warten, mag er erst recht nicht. Der Husky ist ein »Aktivurlauber«. Er möchte auch im Urlaub seine Bewegung, und er geht sehr gern ins Wasser. Erholung in nördlicheren Gefilden, im Süden im Frühjahr und Herbst, ist wesentlich mehr sein Geschmack.

Verträgt Ihr Husky das Autofahren ohne Probleme, nehmen Sie für unterwegs zusätzlich zu frischem Wasser ein paar Häppchen mit. Einige Stunden vor Reiseantritt sollte Ihr Vierbeiner jedoch nichts mehr fressen. Verträgt Ihr Husky das Reisen nicht so gut, fragen Sie den Tierarzt nach einem geeigneten Medikament. Er wird Ihnen auch sagen, was Sie für Ihren Hund in die Reiseapotheke packen sollten, z.B. Medikamente gegen Magen-Darmstörungen und zur Behandlung von Insektenstichen oder kleineren Verletzungen.

In manchen Ländern besteht noch Quarantäne, das heißt, der Hund darf weder ein- noch durchreisen. Aktuelle Infos dazu bekommen Sie bei Konsulaten, bei Reiseveranstaltern, Verkehrsclubs oder beim Tierarzt.

Können Sie Ihren Hund nicht mit in den Urlaub nehmen, sollten Sie rechtzeitig für eine kompetente Betreuung sorgen. Eine gute Alternative kann die Unterbringung beim Züchter sein. Fragen Sie ihn, ob er Pensionshunde aufnimmt. Ist das nicht möglich, erkundigen Sie sich bei Tierärzten nach wirklich guten Hundepensionen. Ideal wäre es, wenn sich bei Ihnen zuhause jemand um Ihren Husky kümmern könnte, der sich damit auskennt und den Ihr Husky mag.

Pflege des Huskys

Obwohl Huskys sehr pflegeleicht sind, sollte bereits der Welpe an regelmäßige Pflegemaßnahmen gewöhnt werden. Sagen Sie dabei immer das gleiche, also »Zähne anschauen«, »Ohren anschauen« usw. Dies erleichtert z.B. Besuche beim Tierarzt, aber auch die Vorführung bei der Ankörung oder auf der Ausstellung.

Die Fellpflege: Zweimal jährlich, zu Beginn der warmen und der kalten Jahreszeit, wechselt der Husky sein Fell. Dann sollte er regelmäßig mit einer Zupfbürste gebürstet werden. Der in der Wohnung gehaltene Husky haart nicht so regelmäßig, aber auch reichlich.

In der übrigen Zeit können Sie Ihren Husky mit einem Gummistriegel massieren. Nicht wegen der Fellpflege, sondern aus sozialen Gründen. Die meisten Huskys finden diese Massage sehr angenehm, und das wirkt sich positiv auf die Bindung Hund - Mensch aus.

Pfoten und Krallen: Besonders bei Huskys, die im Trainig stehen, müssen die Ballen regelmäßig kontrolliert werden. Trockene, rissige Ballen fettet man mit Hirschtalg oder Vaseline ein. Falls der Husky im Training auf ungünstigem Untergrund wie harschigem Schnee o.ä. läuft, zieht man ihm spezielle »Schuhe«, sogenannte Booties, an.

Bei Hunden, die wenig auf Asphalt laufen, können die Krallen zu lang werden. Mit einer Feile oder einer Krallenzange kann man sie kürzen. Es darf aber kein Blutgefäß verletzt werden. Sind Sie sich unsicher, gehen Sie zum Tierarzt. An den Ellenbogen können mit der Zeit Liegeschwielen entstehen. Um ein Wundwerden zu verhindern, reiben Sie sie ebenfalls mit Vaseline oder Hirschtalg ein.

Augen und Ohren: Huskys haben natürliche Augen- und Ohrenformen. Deshalb brauchen sie keine besondere Pflege. Falls Sie die Ohren reinigen wollen, genügt es, den äußeren Gehörgang mit einem mit Babyöl beträufelten weichen Lappen auszuwischen. Bei Bedarf können Sie die Augenwinkel mit einem feuchten, weichen Tuch reinigen.

Die Zähne: Wird der Husky richtig ernährt, gibt es kaum Zahnprobleme. Um die Zähne gesund zu erhalten, sollte der Hund täglich einen harten Hundekuchen, Ochsenziemer usw. bekommen. Während des Zahnwechsels sollten Sie darauf achten, daß die Milchzähne ausfallen, wenn die bleibenden Zähne durchgebrochen sind.

Darf ein Husky gebadet werden? Huskys gehen meist sehr gern ins Wasser. Mit Badezusatz sollte ein Husky aber so selten wie möglich gebadet werden, um Fell und Haut nicht zu beeinträchtigen. Falls ein Bad unumgänglich ist, darf er nur mit einem speziellen rückfettenden Hundeshampoo gereinigt werden.

Zum Baden stellen Sie den Husky auf eine rutschsichere Unterlage in die Bade- oder Duschwanne. Nach dem Baden sollte er abfrottiert und weder Kälte noch Zugluft ausgesetzt werden.

Erwartungsvoll sehen diese Huskys dem nächsten Ausflug entgegen.

Die richtige Ernährung

Eine optimale Ernährung ist sehr wichtig für das Wohlbefinden Ihres Huskys. Werfen wir dazu einen kurzen Blick auf die Freßgewohnheiten des Wolfes. Trotz der 10 000 Jahre, die den Hund nun entwicklungsgeschichtlich vom Wolf trennen, hat sich sein Verdauungssystem nicht wesentlich verändert. Deshalb ist die natürliche Ernährung des Wolfes immer noch ein wichtiger Anhaltspunkt für die Fütterung des Hundes: Wölfe und Hunde sind Fleischfresser (Carnivoren). Je nach Lebensraum reicht die Palette der Beutetiere des Wolfes von der Maus bis zum Elch. Alle Wölfe fressen aber auch Früchte.
Ein Beutetier wird praktisch ganz verzehrt, Muskelfleisch genauso wie Innereien, Mageninhalt, Knochen usw.
Der Hund ist dagegen bei seiner Ernährung ganz auf den Menschen angewiesen. Es gibt unterschiedliche Möglichkeiten, seinen Hund richtig zu füttern. Man kann aber auch viele Fehler machen.

Die einzelnen Futtersorten

Heute ist die Fütterung durch das große Angebot an Fertigfutter einfach geworden. Neben Naß-(Dosen-) und Trockenfutter unterscheidet man Vollnahrung und Ergänzungsfutter.
Ergänzungsfutter gibt es als Fleisch oder Gemüse- und Getreideflocken. Das eine muß durch das andere ergänzt werden.
Eine Vollnahrung enthält alles in der richtigen Zusammensetzung. Verwenden Sie nur Futter ohne Farb- und Konservierungsstoffe! Diese Zusätze könnten Allergien bei Ihrem Husky auslösen.
Trockenfutter gibt es dem unterschiedlichen Nährstoffbedarf entsprechend für Welpen, normal beanspruchte Hunde, Sporthunde sowie für alte, empfindliche und übergewichtige Hunde. Ein weiterer Vorteil von Fertigfutter besteht darin, daß es sich problemlos überall hin mitnehmen läßt.

Die selbst zubereitete Mahlzeit

Das ist wesentlich aufwendiger als die Verwendung von Fertigfutter, hat aber den Vorteil, daß Sie optimal auf die Bedürfnisse Ihres Hundes eingehen können. Wichtig ist die Ausgewogenheit der Nährstoffe, besonders der Mineralien und Vitamine.
Rohfleischfütterung bietet die optimalste Eiweißqualität. Stammt das Fleisch aus Spezialbetrieben, die nach der Futtermittelherstellungsverordnung zugelassen sind, kann man es bedenkenlos roh verfüttern. Viele Fachgeschäfte verkaufen entsprechendes Futter abgepackt und gefroren. »Scharf« wird der Husky dadurch nicht. Fleisch unbekannter Herkunft sollte mindestens 30 Minuten durchgekocht werden.

Mineralstoffe, Spurenelemente und Vitamine

Bei Verwendung von Fertigfutter ist in der Regel kein Zusatz dieser Stoffe nötig. Bereiten Sie die Mahlzeiten selbst zu, muß auf eine optimale Versorgung, nicht zuviel und nicht zuwenig,

Welpen knabbern gerne, besonders im Zahnwechsel.

geachtet werden. Wie Sie richtig füttern, können Sie sich anhand einer Tabelle (→ Seite 34) selbst berechnen oder sich von der Firma hund + katz in München (→ Adressen Seite 62) berechnen lassen.

Besonderheit beim Husky

Ein zu hoher Kohlenhydratanteil im Futter kann zu Blähungen führen. Der Magen bildet zu wenig Säure. So werden zu wenig Bakterien abgetötet, die dann im Darm zu Gärungsprozessen führen.

Sehr wichtig: Das Wasser

Ohne Wasser kann ein Hund nur wenige Tage überleben. Ohne Futter dagegen bis zu mehreren Wochen. Ein Husky mit etwa 22 kg Körpergewicht braucht am Tag ungefähr 1,4 l Wasser. Dieser Bedarf kann bei Belastungen wie Rennen, Streß oder Hitze auf das Doppelte und mehr ansteigen. Besonders bei Verwendung von Trockenfutter, dem ja die Flüssigkeit entzogen wurde, ist ausreichend frisches Wasser besonders wichtig.

Das Wasser sollte dem Husky immer frisch gereicht werden. Was er nicht aufgetrunken hat, sollte weggeschüttet werden.

Eine gesunde Ernährung sorgt dafür, daß der Husky fit und vital bleibt.

PRAXIS ERNÄHRUNG

Wieviel Futter braucht der Hund?
Bei der Verwendung von Fertigfutter richten Sie sich in etwa nach den Angaben auf der Packung. Die dort angegebenen Mengen sind allerdings oft etwas großzügig bemessen. Außerdem verwertet nicht jeder Hund sein Futter gleich. Achten Sie auf die Figur Ihres Huskys. Er sollte eine erkennbare Taille haben. Die Rippen sollten immer deutlich zu spüren sein, aber nicht sichtbar werden.

Folgende Nahrungsmittel sollten Sie Ihrem Hund nie geben:

- ✔ Rohes Schweine- und Geflügelfleisch
- ✔ Geflügelknochen (andere Knochen, wenn überhaupt, nur in Maßen)
- ✔ Süßigkeiten
- ✔ gewürzte Essensreste
- ✔ Hülsenfrüchte

Ernährungsprogramm (Selbstzubereitete Mahlzeiten – jeweils Tagesration)

Welpe ab der 8. Woche (Gewicht ca. 6 kg)	Junghund ab dem 4. Monat (ca. 10-12 kg)	Junghund ab dem 6. Monat (ca. 15/16 kg)
400 g Rinderherz 140 g Ergänzungsfutter 15 g Welpi-Sal (Mineralstoffmix) oder 210 g Premiumtrockenfutter für Welpen 100 g Rinderpansen grün	400 g Rinderherz 170 g Ergänzungsfutter 20 g Welpi-Sal oder 220 g Premiumtrockenfutter für Welpen 150 g Rinderpansen grün	600 g Rinderherz 200 g Ergänzungsfutter 30 g Welpi-Sal 15 g Maiskeimöl oder 300 g Premiumtrockenfutter Junior 250 g Rinderpansen grün
Junghund ab dem 10. Monat	**Erwachsener Hund (Erhaltungsbedarf)**	**Leistungsbedarf für Rennhunde (bei Gespannen: Sprintrennen)**
200 g Rinderkopffleisch 330 g Rinderherz 250 g Ergänzungsfutter 35 g Welpi-Sal oder 300 g Premiumtrockenfutter Junior 250 g Rinderpansen grün	200 g Rinderherz 200 g Rinderpansen grün 150 g Ergänzungsfutter 24 g Mineral-Vit + Ca (Mineralstoffmix mit Kalzium) oder 220 g Premiumtrockenfutter (30 % Protein, 20 % Fett) 100 g Rinderkopffleisch	250 g Rinderkopffleisch 540 g Premiumtrockenfutter (35 % Protein, 25 % Fett) 10 g Mineral-Vit

Fütterungsregeln

1 Füttern Sie den Hund immer in etwa zur gleichen Zeit.

2 Die Mahlzeit soll handwarm sein; füttern Sie nicht heiß oder direkt aus dem Kühlschrank.

3 Damit der Hund kauen muß, soll die Mahlzeit nicht wie eine Suppe, sondern höchstens breiig sein.

4 Bei ausschließlicher Fütterung von Fertigfutter brauchen Sie regelmäßig weder Fleisch noch Ergänzungsfutter zusätzlich zu geben, sonst entsteht ein Ungleichgewicht. Ausnahmen davon sind die exakt berechneten Menüvorschläge auf dieser Seite.

5 Sie können die Mahlzeit aber gelegentlich durch einen Eidotter, Joghurt, Quark, reifes Obst oder rohes, im Mixer zerkleinertes Gemüse verfeinern.

6 Heben Sie Reste nie auf, sondern werfen Sie sie weg.

7 Frißt Ihr Hund gerne Kot, versuchen Sie es mit grünem Blättermagen einmal die Woche.

Achten Sie darauf, den Husky nicht zu überfüttern. Das schadet seiner Gesundheit.

Das gilt auch für den Welpen. Jedes Zuviel an Gewicht schadet Ihrem Hund!
Vom dritten bis etwa sechsten Monat bekommt der junge Hund vier Mahlzeiten täglich. Wer mag, kann ihm in diesem Alter auch noch etwas Milch geben. Bis zum Alter von sechs bis neun Monaten wird er dreimal täglich gefüttert. Bis zum Alter von gut einem Jahr erhält der Hund zwei Mahlzeiten.

Danach reicht im Prinzip eine einmalige Fütterung aus. Viele Hunde vertragen es aber besser, wenn sie ihre tägliche Ration auf zwei Mahlzeiten verteilt bekommen.

Der Welpe wird mehrmals täglich gefüttert.

Nachwuchs ist geplant

Einen Wurf Welpen aufwachsen zu sehen ist zweifellos ein besonderes Erlebnis. Allerdings ist dafür Fachwissen nötig, und es bedeutet viele Wochen eine Menge Arbeit und Verantwortung.

Vorüberlegungen

Für den Nachwuchs spielen die räumlichen Voraussetzungen eine große Rolle. Einen Wurf Huskys in der Etagenwohnung aufzuziehen, ist sicher nicht artgerecht. Sie brauchen also einen geeigneten Raum im Haus sowie die Möglichkeit, die Welpen auch im Garten zu halten. Überlegen Sie, warum Sie züchten wollen. Keinesfalls muß eine Hündin einmal einen Wurf haben, um gesund zu bleiben. Wollen Sie züchten, weil Sie sich selbst einen Welpen behalten wollen, bedenken Sie, daß ein Wurf aus zehn Hundekindern bestehen kann...
Haben Sie sich nach reiflicher Überlegung für einen Wurf entschieden, brauchen Sie eine Hündin, die zur Zucht geeignet ist. Wollen Sie Ihren Rüden als Deckrüden einsetzen, muß er ebenfalls entsprechende Voraussetzungen erfüllen. Der Siberian Husky wird immer beliebter. Dies birgt die Gefahr, daß zu unüberlegt und zum Teil aus Profitgier gezüchtet wird. Eine solche Entwicklung bedeutet für die betroffene Hunderasse immer eine Verschlechterung. Um den Husky als Rasse so zu erhalten, wie er seit vielen Jahren gezielt gezüchtet wurde, ist es unerläßlich, ausschließlich gekörte Hunde in der Zucht einzusetzen und Zuchtvorhaben sorgfältig zu planen. Setzen Sie sich frühzeitig mit dem DCNH oder einem anderen Schlittenhundeverein in Verbindung und lassen Sie Ihren Husky ankören. Das heißt, er muß bestimmte Anforderungen in punkto Wesen, Gesundheit und Aussehen erfüllen, um eine Zuchtzulassung zu bekommen. Und nur, wenn Sie in einem dieser Vereine oder für einen gleichwertigen Verein im Ausland züchten, erhalten Ihre Welpen die begehrten FCI/VDH-anerkannten Papiere.
Aber auch darüber hinaus sollten Sie Ihren Hund kritisch sehen. Ein zukünftiger Zuchthund sollte z.B. bei der eigenen Geburt vital und ohne menschliches Zutun überlebensfähig gewesen sein. So verhindert man, daß sich Faktoren, die die Lebensfähigkeit einschränken, vererben. Wenn Ihr Hund eine oder mehrere Bedingungen nicht erfüllt und keine Zuchtzulassung erhält, akzeptieren Sie das und geben Sie Ihr Zuchtvorhaben mit diesem Hund auf. Andernfalls schaden Sie nur der Rasse. Über die oben genannten Vereine (Adressen → Seite 62) erfahren Sie alles, was Sie für den gesamten Verlauf vom Decken bis zur Abgabe der Welpen wissen müssen.

Die biologische Seite

Die Läufigkeit: Eine Hündin wird zweimal jährlich, etwa alle sechs Monate, für ca. drei Wochen läufig. Den Beginn erkennen Sie an schleimig-blutigem Ausfluß. Paarungsbereit ist die Hündin etwa zwischen dem 10. und 15. Tag, der Ausfluß wird rosa oder klar. Jetzt ist die günstigste Zeit, um die Hündin dem Rüden zuzu-

Wer Huskys züchtet, trägt eine große Verantwortung.

führen. Wer nicht züchten will, muß in dieser Zeit besonders aufmerksam sein, denn die Hündin wird auch von sich aus auf die Suche nach einem Rüden gehen. Auch in anderen Bereichen kann sich ihr Verhalten vorübergehend ändern. Die Hündin wird vielleicht besonders anlehnungsbedürftig oder unkonzentriert. Besonders die erste Läufigkeit kann junge Hündinnen etwas durcheinander bringen.

Die Paarung: Zum Decken bringen Sie die Hündin zum Rüden. Die Paarung selbst soll so natürlich wie möglich verlaufen, das heißt, die Hunde sollten nicht dazu gezwungen werden. Klappt es nicht, ist es entweder nicht der richtige Tag, oder die Hunde passen einfach nicht zueinander.

Während des Deckaktes »hängen« die Hunde, das heißt, sie können sich eine Zeitlang nicht mehr trennen. Diese Phase kann wenige Minuten oder auch eine Stunde dauern. Keinesfalls dürfen die Tiere gewaltsam getrennt werden.

Eine sorgfältige Zuchtplanung ist wichtig für den Erhalt der Rasse.

Trächtigkeit und Geburt: Nach einem erfolgreichen Deckakt beginnt die Trächtigkeit. Die Ernährung muß eiweiß-, fett- und vitaminreicher werden, und die Hündin darf nicht überanstrengt werden.

Nach etwa 63 Tagen ist es soweit, die Welpen erblicken das Licht der Welt. Eine instinktsichere Hündin wird genau wissen, was sie bei der Geburt zu tun hat. Um bei Komplikationen eingreifen zu können, sollten Sie rechtzeitig vor dem Werfen Ihren Tierarzt informieren.

VERHALTEN UND BESCHÄFTIGUNG

Der Siberian Husky ist ein Hund, an dem noch nicht so viel »herumgezüchtet« wurde wie an vielen anderen Hunderassen. Er ist immer noch in erster Linie ein echter Arbeitshund. Deshalb sind eine rassegerechte Beschäftigung und Erziehung besonders wichtig.

Verhaltensweisen

Der Siberian Husky ist noch ein rundherum natürlicher Hund. Er ist noch nicht verzüchtet und deshalb im Vollbesitz seiner »hundlichen« Kommunikationsmittel. Seine Stehohren lassen sich in verschiedenste Stellungen bringen. Seine Mimik ist sehr vielseitig. Der oft aufgehellte Bereich um den Fang, ähnlich wie beim Wolf, unterstreicht die verschiedenen Signale noch. Seine natürlich getragene, unkupierte Rute ist ein weiteres wichtiges Verständigungsmittel, und sein Fell läßt sich wunderbar sträuben. Außerdem verständigen sich Hunde durch Lautsprache, geruchliche Botschaften und durch Berührungen. Eine Botschaft entsteht meist nicht durch ein einzelnes Signal, sondern durch die Kombination verschiedener Verhaltensweisen. Zum Teil ist das Verhaltensrepertoire angeboren, zum Teil muß der Hund richtiges Verhalten im Umgang mit Artgenossen erst lernen. Lernen kann er dabei aber nur von Hunden, die selbst intakte Verhaltensweisen zeigen.

Für ein Häppchen macht ein Husky auch mal ein Kunststück.

Die Körpersprache

Sie nimmt einen sehr großen Teil ein.
Spielverhalten: Zum Spiel fordert Sie Ihr Husky z.B. durch die Vorderkörpertiefstellung auf. Auch spielerisches Anspringen, Anstoßen mit der Schnauze oder Im-Kreis-Laufen sind Aufforderungen zum Spiel.
Imponierverhalten: Will Ihr Husky einem anderen Hund imponieren, macht er sich größer, indem er seine Gliedmaßen streckt und sich steif bewegt. Die Haare im Nacken- und Rückenbereich sind gesträubt, die Ohren ganz nach vorne gerichtet. Hals, Kopf und Rute werden erhoben getragen. Auch das Scharren nach dem Markieren oder Koten gehört zum Imponierverhalten.
Drohverhalten: Man unterscheidet Angriffs- und Abwehrdrohen. Das Angriffsdrohen ist eine Fortsetzung des Imponierverhaltens. Zusätzlich zu dessen Signalen (→ oben) fletscht der Hund die vorderen Zähne, hält die Ohren leicht seitlich abgespreizt und starrt den Gegner direkt an. Beim Abwehrdrohen eines unterlegenen Hundes werden durch das Zurückziehen der Mundwinkel auch die hinteren Zähne sichtbar. Der Hund macht sich kleiner, der Schwanz ist meist eingezogen, die Ohren sind an den Kopf angelegt.

Immer aktiv und auf den Beinen – zwei Junghunde erkunden ihre Umgebung.

Unterwerfung: Unterwirft sich ein Hund, z.B. nach einem Kampf, dem überlegenen Gegner, legt er sich mit eingezogenem Schwanz auf den Rücken. Die Ohren werden angelegt, die Mundwinkel bei geschlossenem Fang weit zurückgezogen. Dieses Verhalten nennt man passive Unterwerfung.
Bei der aktiven Unterwerfung möchte der Rangniedrige dem Ranghöheren (auch dem Menschen) »schön tun«. Er leckt dessen Schnauze, macht sich klein und wedelt mit dem Schwanz. Häufig gibt er auch »Pfötchen«. Sehr unterwürfige Hunde urinieren dabei ein wenig.
Dies hat nichts mit Stubenreinheit zu tun, und der Hund darf dafür auch auf keinen Fall gestraft werden.

Die Lautsprache

Bellen und Heulen: Huskys bellen sehr selten, gelegentlich, wenn sie sehr aufgeregt sind. Ansonsten heulen sie, besonders, wenn sie zu mehreren gehalten werden. Dies fördert den Rudelzusammenhalt. Ein verlassener Husky heult aus Einsamkeit und Sehnsucht.
Knurren: Das Knurren ist ein Warnlaut. Es kann z.B. beim Imponier- und Drohverhalten gezeigt werden. Nimmt der Hund etwas »Verdächtiges« wahr oder will er z.B. Futter gegen Artgenossen verteidigen, knurrt er auch.

Winseln und Jaulen: Das Winseln kann einerseits Unterwürfigkeit einem ranghöheren Tier gegenüber signalisieren. Andererseits kann es auch Unbehagen und Aufregung bedeuten. Jaulen, besonders ein plötzliches Aufjaulen, deutet auf einen Schmerz hin.

Die Welt der Gerüche

Die Nase ist das bestentwickelte Sinnesorgan des Hundes. Wir werden vielleicht nie genau wissen, welche Informationen Hunde den verschiedensten Gerüchen entnehmen können. Allerdings ist sicher, daß Gerüche von Artgenossen Botschaften übermitteln und für den Hund eine Art Zeitung darstellen.

Das Schnüffeln: Sehr ausgiebig schnüffeln Hunde an den Hinterlassenschaften ihrer Artgenossen. Ein Hund kann daraus auch erriechen, wer da war. Außerdem erfahren Hunde durch Beschnüffeln untereinander am Hinterteil und auch im Gesicht einiges über ihr Gegenüber.

Das Markieren: Rüden markieren gewisse Punkte in ihrem Revier mit Urin, um anderen Hunden mitzuteilen, »ich war schon da«. Manche Urinmarken werden noch einmal markiert, andere unter Knurren und Haarsträuben geprüft. Hündinnen markieren besonders während der Läufigkeit, um möglichst viele Rüden über ihren Zustand zu informieren.

Das Sozialverhalten

Der Husky hat ein gutes Sozialverhalten, ist verspielt und ohne Aggressivität. Er kann gut an andere Heimtiere gewöhnt werden und verträgt sich auch mit Artgenossen. Sein Rudel, ob Hunde oder Menschen, ist sein Leben. Er ist aber nicht auf einen bestimmten Mensch fixiert, ja man kann sagen, er ist das Gegenteil eines Ein-Personen-Hundes. Der Husky hat keinen Wach- und Schutzinstinkt und freut sich im allgemeinen über jeden Besucher.

Der Husky und die Jagdleidenschaft

Der Siberian Husky hat meist einen sehr ausgeprägten Jagdtrieb. Um diesen wenigstens einigermaßen unter Kontrolle zu halten, ist eine systematische Erziehung vom Welpenalter an unerläßlich (→ Seite 46).

Schon als Welpe muß der Husky lernen, daß er nicht nach Mäusen graben oder andere Tiere jagen darf. Beim Spaziergang mit einem erwachsenen Husky muß darauf geachtet werden, bereits die ersten Anzeichen des Jagens zu erkennen. Wenn der Hund interessiert am Boden zu suchen beginnt oder in gespannter Körperhaltung mit konzentriertem Blick in eine bestimmte Richtung verharrt, bedeutet dies, daß er etwas »Jagenswertes« gesehen oder geruchlich wahrgenommen hat. Spätestens jetzt müssen Sie reagieren, sonst gibt es kein Halten mehr. Rufen oder pfeifen Sie ihn sofort zu sich.

Falls Sie vor Ihrem Husky Wild, eine Katze oder ähnliches sehen, nehmen Sie ihn sofort an die Leine. Vermeiden Sie unbedingt, daß Ihr Sibirier jemals irgendein Tier erbeutet, und sei es nur ein Vogel. Denn wenn er einmal ein Erfolgserlebnis hatte, wird er alles versuchen, um seiner Leidenschaft weiter zu frönen. In wildreichen Gebieten sollten Sie Ihren Hund grundsätzlich an der Leine führen. Nützlich sind regelmäßige Gehorsamsübungen in Gegenwart von Hühnern, Kaninchen usw.

Damit Ihr Husky jedoch seine angeborene Veranlagung ausleben kann, sollten Sie ihm alternative Beschäftigungen anbieten wie Suchspiele (→ Seite 28) und interessante Spaziergänge. Motivieren Sie Ihren Husky mit Belohnungshäppchen oder Lieblingsspielzeug dazu, z.B. über einen Baumstamm zu balancieren oder zu springen, auf einen Baumstumpf zu springen oder irgendwo unten durchzukriechen. Nutzen Sie Ihre Phantasie, vermeiden Sie aber ein Verletzungsrisiko.

DOLMETSCHER

So »verständigen« sich Huskys mit ihren Artgenossen, aber auch mit »ihrem« Menschen.

☞ ***Dieses Verhalten zeigt mein Husky.***

? ***Was will mir der Husky damit sagen?***

! ***So reagiere ich richtig auf sein Verhalten!***

☞ Der Husky heult.

? Gemeinsames Heulen fördert den Zusammenhalt. Ein einzeln heulender Husky ist einsam.

! Mehr Zuwendung geben.

☞ Zwei Junghunde beim Graben.

? Offensichtlich haben sie etwas Interessantes gefunden.

! Überprüfen, was sie gefunden haben, um Gefahr auszuschalten.

☞ Der Husky zeigt leichtes Drohverhalten.

? Er wird sich gleich mit seinem Gegenüber anlegen.

! Nicht stehenbleiben, zügig weitergehen.

☞ Der Husky kaut an einem Ochsenziemer.

? Er möchte sich in Ruhe damit beschäftigen.

! Er muß sich den Leckerbissen wegnehmen lassen, und darf ihn dem Menschen gegenüber nicht verteidigen.

Ein Welpe zeigt die Vorderkörper-Tiefstellung.

Er fordert seinen Freund zum Spiel auf.

Spielen lassen, denn Spielen ist wichtg für die Entwicklung.

Hündin greift dem Welpen über die Schnauze.

Dies ist eine Erziehungsmaßnahme.

Lassen Sie die Hündin gewähren.

Husky schaut konzentriert in eine Richtung.

Vielleicht hat er eine Ente gesehen.

Rufen Sie ihn rechtzeitig zurück.

Der Husky liegt entspannt auf dem Rücken.

Er fühlt sich wohl und möchte gestreichelt werden.

Kraulen Sie ihm ausgiebig Bauch und Brust.

Huskys liegen entspannt, aber aufmerksam im Gras.

Sie sind momentan nicht in ihrer aktivsten Phase, aber trotzdem zu allem bereit.

Entweder ruhig liegen lassen oder etwas unternehmen.

TIP

Erziehungsregeln

Die folgenden Grundregeln sollten Sie beachten, damit die Erziehung für Ihren Husky verständlich ist und ihm Ihr Verhalten Sicherheit und Vertrauen vermittelt.

- ✔ Die Grunderziehung übernimmt nur eine Person, nämlich die Bezugsperson. Alle Familienmitglieder müssen sich jedoch einig darüber sein, was der Hund darf und was nicht.
- ✔ Üben Sie mit dem Welpen etwa dreimal täglich fünf Minuten, später mehr. Gestalten Sie das Training abwechslungsreich und beginnen und beenden Sie es immer mit einer Übung, die der Husky schon perfekt beherrscht.
- ✔ Nutzen Sie Ihre Stimme und Körpersprache als wichtige Hilfsmittel.
- ✔ Finden Sie heraus, wie Sie Ihren Hund so motivieren können, daß er freudig alle Übungen mitmacht und sie dabei interessanter findet als alles rundherum. Dazu gehören z.B. besondere Leckerbissen oder Schnalz- und Locklaute.
- ✔ Vergessen Sie nie, ein Kommando auch wieder aufzuheben, als Zeichen, daß die Übung beendet ist. Wenn Ihr Sibirier den Sinn eines Kommandos begriffen hat, sollte er es aufs erste Mal befolgen. Falls er das nicht tut, unterstützt man den Hund mit einem kleinen Korrekturgriff.
- ✔ Lassen Sie Ihren Husky die Übungen immer genau gleich ausführen, denn Ausnahmen, auch in anderen Situationen, sind für den Hund keine Belohnung, sondern verunsichern ihn.

Die Erziehung

Häufig ist zu hören, einen Husky könne man nicht erziehen und schon gar nicht frei laufen lassen. Nimmt man das so hin und handelt danach, so »verdonnert« man ihn von Anfang an zu lebenslangem Leinenzwang. Kommt er dann irgendwann einmal frei, ist er natürlich auf und davon.

Sicherlich gibt es auch Huskys, die sich nicht so sehr beeinflussen lassen und einen so starken Unabhängigkeitsdrang haben, daß ein Freilauf nicht oft möglich ist. Aber es gibt durchaus auch welche, die gut gehorchen, frei laufen dürfen und auf Kommando auch wieder zurückkommen. Fragt man dann nach, liegt der Erfolg daran, daß die Besitzer es von klein auf sehr genau mit der Erziehung des Hundes genommen haben. Also, einen ernsthaften Versuch ist es allemal wert!

Wegen seiner Unabhängigkeit, seines Jagdtriebs und seines Freiheitsdrangs ist der Husky nicht so leicht zu erziehen wie manch andere Rasse. Deshalb muß man seiner Erziehung einen ganz besonderen Stellenwert einräumen und sie von Anfang an ernsthaft und systematisch betreiben. Und für den Husky gilt hier ganz besonders: Was Hänschen nicht lernt, lernt Hans nimmermehr. Das Wichtigste dabei ist absolute Konsequenz, Geduld und Beständigkeit. Die Verhaltensregeln, die für den erwachsenen Hund gelten sollen, müssen auch für den Welpen schon verbindlich sein.

Richtig loben

Das Lob als positive Bestärkung ist ein ganz wesentliches Element in der Hundeerziehung, besonders auch beim Husky. Gelobt wird unmittelbar nach dem erwünschten Verhalten durch Streicheln, Verabreichen eines Belohnungshäppchens und mit der Stimme. Belohnungshäppchen und anderes Lob werden gezielt eingesetzt. Das heißt, nur wenn der Husky exakt das tut, was er soll, bekommt er etwas.

Richtig tadeln

Es bleibt nicht aus, daß man seinen Hund auch disziplinieren muß. Es muß aber artgerecht und unmittelbar nach der »Tat« geschehen. Wichtig ist auch hier die Stimme. Ein strenges Pfui, wenn erforderlich kombiniert mit einem Griff von oben über den Fang, versteht der Hund. Ebenfalls verständlich für den Hund ist, ihn energisch am Nackenfell festzuhalten und ihn dabei bei Bedarf auf den Boden zu drücken und ein, zwei Minuten festzuhalten. Die Stimme dabei nicht vergessen.

Bei ganz »schweren Vergehen« ist es wirksam, den Hund blitzschnell auf den Rücken zu legen und so lange festzuhalten, bis er von allein liegenbleibt.

Indirekte Rangeinweisungen

Dadurch lernt der Hund artgerecht und ohne körperliche Einwirkungen, wo in der Familie sein Platz ist und daß er nicht der Rudelführer ist. Von klein auf sollten erhöhte Liegeplätze wie Sofa, Bett, Sessel tabu sein.

Bekommt der Hund in etwa zur Essenszeit der Familie sein Futter, ißt zuerst die Familie, dann wird der Hund gefüttert. Natürlich sollte er nicht vom Tisch gefüttert werden.

Liegt der Hund im Weg, sollten Sie nicht über ihn hinwegsteigen, sondern er soll ausweichen. Diese Maßnahmen beugen Dominanzproblemen vor und sind besonders bei sehr selbstbewußten Huskys empfehlenswert.

Die Bindung

Eine enge Bindung zwischen Mensch und Hund ist wichtig für ein harmonisches Zusammenleben. Verbringen Sie viel Zeit mit Ihrem Sibirier und beschäftigen Sie ihn artgerecht. Dazu gehören z.B. gemeinsame Spiele und Unternehmungen, wie auch das gemeinsame Üben. So werden Sie für Ihren Husky interessant, und er wird körperlich und geistig gefordert.

Bei Spaziergängen sollten Sie schon den Welpen, wo immer es geht, frei laufen lassen. Wenn Sie ihn beim Namen rufen und locken und er nicht kommt, gehen Sie in die entgegengesetzte Richtung weiter oder verstecken Sie sich. Sein Instinkt sagt ihm, daß er verloren ist, wenn er zurückbleibt. Deshalb wird er schnell Anschluß an sein »Rudel« suchen. Kommt er nun, loben Sie ihn überschwenglich. So lernt der Welpe, daß er darauf achten muß, den Anschluß nicht zu verlieren, nicht umgekehrt.

Ist der Welpe müde und sucht Kontakt, legen Sie sich mit ihm auf den Teppich. So imitieren Sie das Kontaktliegen, das der Welpe sonst mit Mutter und Geschwistern macht.

Gemeinsames Ausruhen nach dem Spiel fördert die Bindung

Auf dieser Seite erfahren Sie, wie Sie Ihrem Husky die wichtigsten Kommandos beibringen. Beginnen Sie damit, wenn sich Ihr Welpe ein paar Tage eingewöhnt hat und seinen Namen kennt. Falls Sie einen erwachsenen Hund übernommen haben, sollten Sie genauso vorgehen.

Sitz

Halten Sie ein Leckerchen über dem Kopf des angeleinten Welpen und warten Sie, bis er sich setzt, um bequemer hochsehen zu können. Nennen Sie jetzt mehrmals das Kommando und loben Sie ihn. Bevor er aufsteht, sagen Sie z.B. ›jetzt lauf‹ als Zeichen dafür, daß die Übung beendet ist. Die leere erhobene Hand kann man später als Handzeichen für das Sitzen beibehalten. Hat der Husky das ›Sitz‹ gelernt und macht es nicht, unterstützt man ihn durch leichten Druck auf sein Hinterteil.

Das Lernen des Kommandos »Sitz« ist die einfachste Übung.

So liegt der Hund richtig »Platz«. Streicheln Sie ihn zur Belohnung über den Rücken.

Platz

Halten Sie dem sitzenden, angeleinten Welpen ein Häppchen vor die Nase, führen es langsam parallel zum Hund zum Boden und dann, dort angekommen, langsam am Boden entlang nach vorne. Liegt der Hund im Platz, nennen Sie einige Male das Kommando und geben ihm das Häppchen, während Sie ihn streicheln. Bevor er von selbst aufsteht, lassen Sie ihn wieder sitzen und beenden Sie die Übung (→ oben). Die abwärts gerichtete Handbewegung gilt später auch ohne Leckerchen als Handzeichen für »Platz«. Befolgt der Hund später mal das ›Platz‹ nicht, unterstützt man ihn durch leichten Druck auf den Widerrist.

Bei Fuß

Legen Sie sich zunächst fest, auf welcher Seite Ihr Sibirier ›Bei Fuß‹ gehen soll. Normalerweise ist das die linke Seite. Leinen Sie den Hund an und halten Sie die durchhängende (!) Leine in der rechten Hand. In die linke Hand nehmen Sie ein ›Häppchen‹ und lassen den linken Arm gerade herunterhängen. Geben Sie nun das Kommando und gehen Sie zügig los. Ihr Hundekind knabbert unter dem Gehen an der Belohnung und geht freudig mit. Falls sich der Husky ab-

Kommt der Welpe, wird er ausgiebig gelobt und mit einem Extra-Häppchen belohnt.

Das Kommen
Dies ist zweifellos das wichtigste Kommando. Verwenden Sie dafür eine Hundepfeife. Sie wirkt, besonders auch auf größere Entfernungen, effektiver als ein gesprochenes Kommando. Geübt wird die ersten paar Wochen nur im Haus und immer in Verbindung mit einem besonderen Leckerbissen. Dieser wird nur für dieses Kommando eingesetzt. Naht die Fressenszeit des Hundes, sollte sich, während Sie die Mahlzeit bereiten, jemand in einem anderen Raum mit dem Hund beschäftigen. Ist das Fressen fertig, pfeifen Sie dem Hund und rufen ihn zusätzlich beim Namen. Kommt er angerannt, bekommt er sofort und mit stimmlichem Lob sein ›exklusives‹ Häppchen und anschließend die normale Mahlzeit. Üben Sie das etwa dreimal täglich, nach ein paar Tagen auch außerhalb der Fressenszeiten. Die nächste Stufe ist, ihn aus dem Garten hereinzupfeifen. Allmählich verlegt man die Übung nach draußen.

lenken läßt, versuchen Sie ihn sofort wieder mit Belohnung und freundlicher Stimme zu motivieren. Gehen Sie anfangs nur wenige Meter und lassen Sie den Hund zu Beginn und am Schluß sitzen. Hat der Hund den Sinn begriffen und zieht dennoch, macht man ihn außer durch ein Häppchen durch viele Wendungen oder einen kurzen Leinenruck aufmerksam.

Das Alleinbleiben
Beginnen Sie damit erst, wenn Ihr Husky gut vier Monate alt ist. Lassen Sie ihn anfangs nur allein, wenn er sich sowieso gerade in einer Ruhephase befindet - dann aber nur wenige Minuten. Dehnen Sie die Zeit ganz allmählich aus. Zur Beschäftigung geben Sie ihm während Ihrer Abwesenheit etwas zum Knabbern.

Das Bleiben
Beherrscht der Hund ›Sitz‹ und ›Platz‹ sehr gut, beginnt man, sich an der lockeren Leine ein kleines Stück und wenige Sekunden vom Hund wegzubewegen. Der Hund muß dabei genau an der Stelle bleiben, wo er war. In kleinen Schritten vergrößern Sie Abstand und Dauer Ihrer Entfernung vom Hund.

Dieser Husky bleibt schon alleine sitzen.

Eine artgerechte Beschäftigung, besonders das Ziehen, trägt ganz wesentlich zum Wohlbefinden Ihres Huskys bei. Hier werden Ihnen einige Möglichkeiten vorgestellt.

Training mit Wagen und Schlitten für 1 bis 2 Hunde

Für den »Hobbymusher« sind seit kurzem zwei sehr empfehlenswerte Geräte auf dem Markt. Einmal ein dreirädriger, zusammenklappbarer Trainingswagen, der nur knapp 20 kg wiegt und sogar mit einem Innovationspreis ausgezeichnet wurde (Kostenpunkt etwa DM 2200,–). Das andere ist ein Hundeschlitten, der ebenfalls zusammenklappbar ist. Er ist kleiner als die ›Profischlitten‹ und ausgestattet mit Schlittensack und Zugleine. Er kostet nur etwa DM 700,–. Für den Husky verwendet man auch hier ein X-Back-Geschirr.

Zugtraining in der schneefreien Zeit.

Das Zugtraining

Fahren Sie mit Ihrem Husky nur auf weichem Untergrund, etwa Waldwegen. Beginnen Sie das Training langsam und überfordern Sie den Hund nicht. Im Sommer darf nur bis zu einer Temperatur von etwa 15 °C trainiert werden, also in der Regel frühmorgens im Schatten. Erkundigen Sie sich bei den Vereinen nach Möglichkeiten eines ›Schnuppertrainings‹.

Training mit dem Rad für 1 bis 2 Hunde

Sie brauchen dazu ein gutes, geländegängiges Rad oder ein Rollerbike (High-Tech-Tretroller für Erwachsene). Die Leine wird entweder an einer besonderen Zugvorrichtung, die unter den Lenker montiert wird, oder an einem Bauchgurt für den Fahrer befestigt. Die Leine läuft dabei über dem Lenker nach vorne. Bei beiden Möglichkeiten verhindert ein Ruckdämpfer unangenehme Zwischenfälle. Der Hund trägt ein X-Back-Geschirr. Wählen Sie das Tempo so, daß die Leinen straff sind.

Die Pulka

Die Pulka ist ein kleiner flacher Schlitten, vor den 1 bis 3 Hunde gespannt werden können. Sie tragen ein spezielles Pulkageschirr. Die Pulka selbst ist mit einer Leine mit dem Bauchgurt des Mushers verbunden, der auf Langlaufskiern hinter dem Gespann fährt. In der schneefreien Zeit spannt man den Husky vor ein kleines Wägelchen, der Musher joggt mit.

Gemeinsames Joggen hält Hund und Frauchen fit.

Gewöhnung an das Ziehen

Mit etwa sieben Monaten wird der Husky an das Geschirr gewöhnt. Es muß der Größe des Hundes angepaßt sein. Im Gegensatz zum Gehen an der lockeren Leine mit Halsband lernt

Andere Beschäftigungen

Wanderungen: Wandern mit dem Husky ist etwas schönes fürs ganze Jahr, besonders für die ganze Familie. Für den Husky gibt es spezielle Packtaschen, in denen der Proviant verstaut wird. Bis zu einem Drittel seines Körpergewichtes kann ein ausgewachsener Husky so tragen. Die Packtaschen müssen dem Hund passen und er muß allmählich daran gewöhnt werden.

Es gibt verschiedene Arten von Packtaschen für den Husky.

Agility und Breitensport: Bei beiden Sportarten überwindet der Hund einen Geschicklichkeitsparcour mit Hürden, Slalomstangen, Kriechtunnel usw., beim Breitensport kommt noch ein Geländelauf hinzu. Diese Sportarten kommen dem Bewegungsbedürfnis und der Gelehrigkeit des Huskys sehr entgegen. Der Besitzer begleitet seinen Hund, muß also selber ziemlich fit sein.

der Husky, im Geschirr immer voraus zu gehen und zu ziehen. Diesen Unterschied begreift der Husky durchaus. Befestigen Sie die Leine am Geschirr und muntern Sie Ihren Husky mit ›Go‹ oder ›Voran‹ zum Ziehen auf. Gehen Sie dabei nie vor oder direkt neben dem Hund. Gehen Sie anfangs nur kurze Strecken und vergessen Sie das Loben nicht. Am Ende halten Sie und sagen dabei deutlich ›Halt‹ oder den Fachausdruck ›Who‹. Mit etwa 12 Monaten lassen Sie den Hund dann einen Kinderschlitten oder einen alten Autoreifen ziehen. Wählen Sie anfangs kurze Strecken und geringes Gewicht, ganz allmählich steigert man die Anforderungen.

Links und Rechts: Die internationalen Kommandos dafür lauten ›gee‹ für rechts und ›haw‹ für links. Diese unterscheiden sich für den Hund sehr deutlich, Sie können aber auch rechts oder links sagen. Gehen Sie mit dem bereits zuverlässig nach vorne ziehenden Hund auf etwas zu, wo er nicht mehr geradeaus weiterkommt, sondern nach links oder rechts abbiegen muß. Muntern Sie ihn auf und lassen Sie ihn selbst entscheiden, in welche Richtung er weitergeht. Sagen Sie dann das entsprechende Kommando dazu. Wichtig ist auch hier wieder das Loben! So lernt er, das Kommando mit seinem eigenen Handeln zu verknüpfen und wird dann nach einiger Zeit auf Ihre Kommandos richtig reagieren.

Ausflüge mit dem Rad

Auch Radtouren ohne Zugarbeit kann man mit dem Husky unternehmen. Er lernt, auf das Kommando ›Rad‹ an lockerer Leine auf der rechten Seite zu laufen. Die Leine wird dabei zweckmäßigerweise an einem sogenannten ›Springer‹ befestigt. Dieser wird am Rahmen des Rades festgeschraubt.

Nach getaner Arbeit gibt es eine Belohnung zum Knabbern.

Der Rennsport

In einem Buch über den Husky darf natürlich der Rennsport nicht fehlen. Der Sport mit Schlittenhunden ist keine Erfindung unserer Tage. Bereits die Ureinwohner Sibiriens, die diese Hunderasse als erste züchteten, später dann auch die Inuit, werden wahrscheinlich auf dem Weg zu und von ihren regelmäßigen Treffen Wettfahrten unternommen haben.

Der moderne Schlittenhundesport wurde Ende des letzten Jahrhunderts in Alaska geboren. In der damaligen Goldgräberzeit entstanden in Fairbanks, Klondike und anderen Orten der Gegend die Rennen, bei denen es vor allem auf Schnelligkeit ankommt. Aus privaten Rennveranstaltungen entwickelten sich dann einige große internationale Meetings, die jährlich stattfinden. Noch heute werden z.B. die »North American Championship Sled Dog Races« (an drei Tagen muß eine Gesamtstrecke von 70 Meilen zurückgelegt werden) oder das ebenfalls über drei Tage dauernde "Fur Rendez Vous Sled Dog Race" in Anchorage durchgeführt. Weitere Beispiele sind das Yukon Quest und die Beringia auf Kamtschatka. Wohl das bekannteste und auch härteste Rennen ist aber das »Iditarod Trail Race«, auch einfach »The Race« genannt, das über 1600 Kilometer von Anchorage nach Nome führt (→ Seite 9).

Seit Mitte dieses Jahrhunderts findet der Schlittenhundesport auch bei uns immer mehr Freunde. Die Arbeitsgemeinschaft Schlittenhunde Deutschland e.V. (AGSD) (→ Seite 62) organisiert Rennen mit Gespannen, die nur von solchen Hunden gezogen werden, die als eine der Schlittenhunderassen (→ Seite 12) anerkannt sind; im Gegensatz dazu sind Rennen des Deutschen Schlittenhundesportverbands e.V. (DSSV) (→ Seite 62) sogenannte offene Rennen, in denen in erster Linie Hunde starten, die nicht reinrassig sind, wie die Alaskan Huskys (→ Seite 15).

Gespannarten

Gestartet wird in verschiedenen Klassen, die sich nach der Zahl der eingespannten Hunde und der Länge des Trails (= Renn- oder Tourenpiste) unterscheiden. Bereits mit einem Hund kann man in der Pulka-Klasse mitfahren. Die Distanz liegt hier bei acht bis zwölf Kilometern. Die höchste Klasse ist die offene Klasse, bei der mehr als acht Hunde eingespannt sind und das Gespann 20 Kilometer und mehr zurücklegen muß.

Im Laufe der Zeit haben sich verschiedene Anspannarten entwickelt. Bei Rennen im skandinavischen Stil, z.B. in der Pulka-Klasse, läuft der Musher (= Schlittenhundeführer) neben seinem Gespann auf Langlaufskiern her. Die Hunde laufen meist als Tandemgespann hintereinander vor dem Schlitten. Diese Art der Anspannung hat sich z.B. in Gegenden mit engen, kurvenreichen Strecken bewährt, wie dies in den skandinavischen Wäldern typisch ist. In Amerika werden die Hunde paarweise vor den Schlitten gespannt. Bei diesem sogenannten Doppelgespann

In Schnee und Kälte fühlt sich der Husky zu Hause.

läuft der Leithund allein an der Spitze. Der Musher steht auf den Kufen des Schlittens.

Vor einen Schlitten gespannt sind die Huskys in ihrem Element.

Wettkämpfe

Wer den Schlittenhundesport wettkampfmäßig betreiben möchte, muß seine gesamte Freizeit und auch einiges an Geld dafür einsetzen. Im Winter finden fast jedes Wochenende Rennen statt, aber auch im Sommer wird trainiert - nicht mit dem Schlitten, sondern mit einem speziellen Trainingswagen.

Bei einem Rennen ist der Husky in seinem Element, und für viele Musher ist es wie eine Droge, die süchtig macht. Wer sich Rennen ansieht oder die Gelegenheit bekommt, einmal mit einem Musher mitzufahren, kann das gut nachfühlen. Über die Verbände gibt es übrigens die Möglichkeit, seinen Husky rennbegeisterten Mushern für Training und Rennen zeitweise auszuleihen.

Wer schon Opfer des »Husky-Virus« geworden ist und sich intensiver mit dem Rennsport beschäftigen möchte, findet bei den auf Seite 62 aufgeführten Verbänden kompetente Ansprechpartner. Der Aufbau eines Rennhundes oder gar eines ganzen Rennteams erfordert ein planmäßiges, sorgfältiges Training - sowohl der Hunde als des Mushers, denn ein Rennen ist harte, körperliche Arbeit. Auch die Ausrüstung dafür ist umfangreich und vielseitig. Beides hier umfassend zu behandeln, würde aber den Rahmen dieses Buches sprengen.

GESUNDHEITSVORSORGE UND KRANKHEITEN

Als Ergebnis einer Zuchtplanung nach Gesundheit und Leistung sind rassespezifische Krankheiten beim Husky kein Thema. Trotzdem kann er einmal krank werden. Deshalb ist, wie bei allen Hunden, auch beim Husky Gesundheitsvorsorge wichtig.

Regelmäßige Gesundheitsvorsorgemaßnahmen

Stellen Sie Ihren Welpen nach einigen Tagen dem Tierarzt vor, ohne daß dieser eine Behandlung vornimmt. So lernt er den Tierarzt positiv und ohne schlechte Erfahrungen zu machen kennen.

Impftermine

Um den Hund vor gefährlichen und zum Teil tödlich verlaufenden Infektionskrankheiten zu schützen, sind lebenslang regelmäßige Impfungen unerläßlich. Diese werden in einen Impfpaß eingetragen, den Sie vom Züchter bei der Abholung des Welpen bekommen.

Die erste Impfung erfolgt noch beim Züchter mit etwa acht Wochen gegen Staupe, Hepatitis, Leptospirose und Parvovirose. Mit zwölf bis vierzehn Wochen wird diese Impfung wiederholt, zusätzlich wird gegen Tollwut geimpft.

Nach einem Jahr bekommt der Husky erneut diese Fünffach-Impfung. Sie wird nun jährlich wiederholt. Ein ausreichender Impfschutz ist Voraussetzung für die Teilnahme an Veranstaltungen der Schlittenhundeverbände sowie für Reisen ins Ausland. Achten Sie beim Kauf darauf, daß Sie den Impfpaß bekommen und daß dort auch bereits die dem Alter entsprechenden Impfungen eingetragen sind.

Der Husky ist normalerweise robust und wenig krankheitsanfällig.

Entwurmen

Neben den Impfungen sind auch regelmäßige Entwurmungen wichtig. Wurmbefall schwächt den Hund und macht ihn anfällig, außerdem sind bestimmte Wurmarten auch auf Menschen übertragbar. Hier sind besonders Kinder gefährdet. Welpen haben meist Spulwürmer, mit denen sie sich schon im Mutterleib infizieren können. Deshalb wird der Welpe bereits mit sechs Wochen zum ersten Mal entwurmt.

Die zweite Behandlung erfolgt vor der ersten Impfung mit etwa acht Wochen. Vor der zweiten Impfung wird der Welpe wieder entwurmt, anschließend wieder im Alter von sechs und neun Monaten. Der erwachsene Hund wird zweimal jährlich entwurmt.

Leben kleine Kinder in der Familie, empfehlen manche Tierärzte eine vierteljährliche Entwurmung. Um die verschiedenen Wurmarten wie Spul-, Band-, Haken- und Peitschenwürmer zu

Ein Bad in freier Natur schadet dem Husky nicht. Er liebt sogar das Wasser.

bekämpfen, gibt der Tierarzt Mittel mit einem möglichst breiten Wirkungsspektrum. Wer seinen Hund nicht prophylaktisch entwurmen will, kann regelmäßige Kotuntersuchungen vornehmen lassen. Vor einer Impfung sollte der Hund grundsätzlich entwurmt werden. Zusätzliche Wurmkuren sind auch dann nötig, wenn der Hund Flöhe hat oder öfter Mäuse erbeutet. Dadurch können Bandwürmer übertragen werden.

Haut und Haar

Zu den Hautparasiten zählen Flöhe, Läuse, Haarlinge, Milben und Zecken. Zecken entfernt man mit der Zeckenzange oder den Fingern durch Herausdrehen. Achten Sie darauf, daß der Kopf nicht abreißt. Auf einen Befall mit anderen Parasiten weist verstärktes Kratzen, auch mit Ekzembildung, hin. Läuse, Flöhe und Haarlinge sind mit bloßem Auge zu erkennen, Milben bilden einen rostbraunen Belag auf der Haut. Bei Befall mit Hautparasiten (Ausnahme: Zecken) ist ein Tierarztbesuch nötig. Bäder mit speziellen Shampoos und andere Medikamente sowie eine Behandlung der Umgebung mit Insektiziden sind in diesen Fällen notwendig.

Veränderungen der Haut mit Ekzembildung, Rötungen, Haarausfall, Bläschen- oder Quaddelbildung können z.B. Hinweise auf Pilzinfektionen, Räudeerkrankungen, Hormonstörungen oder Allergien sein. Beim Husky treten gelegentlich im Gesicht Ekzeme auf, deren Ursache ein Zinkmangel ist.

Ihr Husky braucht bei solchen Symptomen auf jeden Fall tierärztliche Betreuung. Achten Sie im Umgang mit Ihrem Hund auf Hygiene, denn Pilzinfektionen können auch auf den Menschen übertragen werden.

Der Verdauungsapparat

Durchfall und Erbrechen: Hat Ihr Husky Durchfall, ohne daß sein Allgemeinbefinden beeinträchtigt ist, verordnen Sie ihm einen Fastentag mit schwarzem Tee; am nächsten Tag beginnen Sie mit Schonkost wie gekochtem Reis. Starker Durchfall, eventuell mit Beimischung von Schleim oder Blut sowie mit Fieber und Erbrechen, bedarf einer Behandlung durch den Tierarzt. Das gleiche gilt auch bei wiederholtem Erbrechen, besonders, wenn es mit Fieber oder Verstopfung sowie einer Beeinträchtigung des Allgemeinbefindens einhergeht. Auch Verstopfung allein kann Zeichen einer ernsten Erkrankung sein und muß behandelt werden.

Magendrehung: Beschwerden wie Würgen, Speicheln, vergebliche Erbrechversuche, Atemnot und aufgeblähter Bauch im Anschluß an die Fütterung sind Symptome der Magendrehung. In diesem Fall hilft nur eine sofortige Operation, sonst stirbt der Hund innerhalb weniger Stunden. Zur Vorbeugung sollten dem Hund keine großen Futtermengen auf einmal gefüttert werden, außerdem soll er nach der Mahlzeit mindestens eine Stunde nicht toben.

Der Bewegungsapparat

Lahmt der Husky leicht, untersucht man das betroffene Bein auf Verletzungen wie einen eingetretenen Dorn oder ähnliches. Ist äußerlich nichts zu sehen, schont man den Hund einige Tage. Bessert sich das Hinken nicht oder tritt es nach kurzer Besserung wieder auf, muß der Tierarzt konsultiert werden. Bei Symptomen wie Problemen beim Aufstehen, starke Lahm-

Checkliste Gesundheitskontrolle

Folgende Dinge sollten Sie bei Ihrem Husky regelmäßig kontrollieren:

1. **Ist sein Fell glänzend und dicht, die Haut ohne Rötungen und Krusten oder wunde Stellen?**
2. **Sind Augen, Ohren und Nase unauffällig, ohne Rötungen, Ausfluß oder Geruch?**
3. **Frißt und trinkt er normal? Hat er übermäßig Durst oder magert er trotz guten Appetits ab?**
4. **Ist er aufgeweckt und interessiert und auch nach Belastung nicht übermäßig lang außer Atem?**
5. **Bewegt er sich gern und ohne Probleme? Hat er Probleme beim Aufstehen oder nach dem Toben?**
6. **Ist die Verdauung normal, das heißt, der Kot relativ fest und nicht zu reichlich? Entleert sich der Hund regelmäßig?**

heit, Schmerzen, Schwellungen, völlige Schonung von Gliedmaßen, auch mit Fieber, müssen Sie den Tierarzt aufsuchen.

Hüftgelenksdysplasie (HD): Bei dieser Erbkrankheit tritt eine Verformung von Beckenpfanne und Oberschenkelkopf auf. Je nach Ausprägung dieser Mißbildungen hat der Hund mehr oder weniger Beschwerden. Beim Husky tritt diese Krankheit nur selten auf, jeder Hund sollte jedoch mit gut einem Jahr vorsichtshalber geröntgt werden. Die HD-Befunde werden eingeteilt in Frei (=A), Übergangsform (=B), Leicht (=C), Mittel (=D) und Schwer (=E).

Die Sinnesorgane

Intakte Sinnesorgane sind sehr wichtig für Ihren Husky. Kontrollieren Sie diese deshalb regelmäßig.

Die Nase: Auf eine Erkrankung der Nase deuten Schniefen und Niesen mit zum Teil eitrigem oder blutigem Nasenausfluß hin. Die Nasenflügel können eitrig verkrustet sein. Ursache ist meist ein Virus. Konsultieren Sie den Tierarzt.

Die Augen: Rötungen und Schwellungen der Bindehaut, verdickte und hervortretende Nickhaut sowie Tränenfluß, der auch eitrig sein kann, sind Symptome von Augenerkrankungen. Mechanische Einwirkungen durch kleine Fremdkörper oder Bakterien können zu Hornhautentzündung führen, die sich durch eine rauchige bis milchige Trübung der Hornhaut zeigt.

Auch bei den Erkrankungen der Augen ist ein Besuch beim Tierarzt erforderlich.

Die Ohren: Charakteristische Zeichen für eine Ohrenerkrankung sind ein Schiefhalten des Kopfes und des betroffenen Ohres, häufiges Kopfschütteln und Kratzen am Ohr sowie eine deutliche Schmerzempfindlichkeit des erkrankten Ohres. Oft tritt ein z.T. übelriechendes Sekret aus. Manchmal ist im Ohr ein dunkler Belag erkennbar. Die Ursachen können sehr verschieden sein, deshalb ist auch hier der Tierarzt zu Rate zu ziehen.

Nach dem Baden geht es zum Trocknen auf den Baumstamm.

Wann Sie sonst noch zum Tierarzt gehen sollten

Suchen Sie Ihren Tierarzt immer auf, wenn Ihnen an Ihrem Husky etwas Ungewöhnliches auffällt. Das können z.B. Veränderungen im Aussehen, aber auch im Verhalten sein.

Der ältere Hund sollte, auch wenn er einen gesunden Eindruck macht, vorsorglich etwa alle sechs Monate dem Tierarzt vorgestellt werden.

Vor dem Besuch sollten Sie sich notieren:

✔ Hat Ihr Husky Fieber?
✔ Was ist Ihnen am Hund aufgefallen?
✔ Wie sehen seine Ausscheidungen aus (Urin, Kot, evtl. Erbrochenes)?
✔ Wann wurde er zuletzt entwurmt, geimpft?
✔ Welche Krankheiten hatte er bereits?
✔ Was bekommt der Husky zu fressen?
✔ Wie wird er gehalten?

Störungen und Krankheiten erkennen

Krankheitsanzeichen	Ursachen
Die Körpertemperatur liegt unter 38 °C oder über 38,5 °C	verschiedenste Krankheiten
Der Husky hustet und würgt	Fremdkörper im Hals, der Hund hat einen Infekt
Starkes Speicheln mit Erbrechen, evtl. Durchfall, Apathie, Krämpfe, Taumeln	Verdacht auf eine Vergiftung, sofort zum Tierarzt!
Erbrechen mit Verstopfung, auch Appetitlosigkeit	evtl. Darmverschluß, sofort zum Tierarzt!
Der Hund rutscht auf dem Hinterteil	Wurmbefall, verstopfte Analdrüsen
Der Husky riecht aus dem Fang	Entzündung der Zähne oder des Zahnfleisches
Häufiges Kopfschütteln und -kratzen	Entzündung des Ohres
Veränderungen der Haut	Parasiten, Allergien, Pilzbefall
Erbrechversuche, aufgeblähter Bauch, Unruhe nach dem Füttern	Verdacht auf Magendrehung, sofort zum Tierarzt!
Durchfall, auch mit Blut oder Schleim oder Appetitlosigkeit	Verdorbener Magen durch falsches Futter, virus- oder bakterienbedingte Infektion, Parasitenbefall, chronische Darmerkrankung
Blähungen mit Durchfall	Darmerkrankung durch verdorbenes Futter
Hervortreten der Nickhaut, gerötete Bindehaut, Tränenfluß	Entzündungen des Auges
Lahmen, Probleme bei bestimmten Bewegungen	Zerrungen, Verstauchungen, entzündliche Prozesse, erbliche Krankheiten, Verletzungen, altersbedingte Erkrankungen

Fieber messen

Fühlen sich der Unterbauch oder die Innenseiten der Schenkel ungewöhnlich warm an, ohne daß sich der Hund vorher angestrengt hat, deutet das auf Fieber hin. Die Nase hingegen sagt nichts darüber aus.

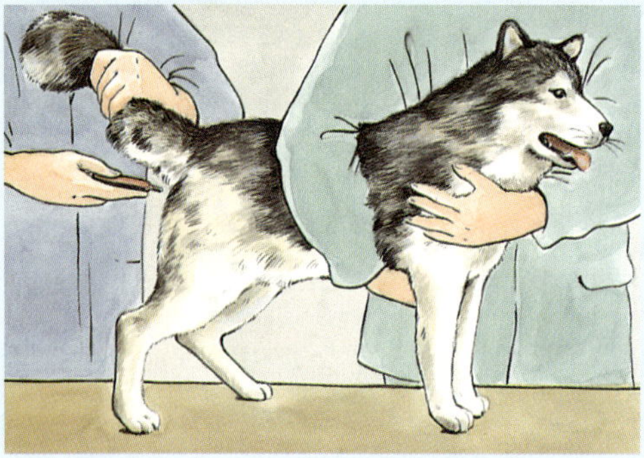

Beim Fiebermessen sollte man unbedingt zu zweit sein.

Haben Sie den Verdacht, daß der Hund Fieber hat, messen Sie seine Körpertemperatur. Nehmen Sie dazu ein Fieberthermometer mit Digitalanzeige und Signalton, damit geht es schneller. Halten Sie den stehenden Hund zu zweit fest, heben Sie die Rute hoch und führen Sie das eingefettete Thermometer etwa 3 cm tief in den After ein. Liegt die Temperatur über 38,5 °C, hat Ihr Husky Fieber.

Genitalregion und After

Tritt bei der Hündin außerhalb der Läufigkeit Ausfluß auf, kann dies das Anzeichen für eine Gebärmuttervereiterung sein. Junge Rüden leiden manchmal unter einer Entzündung der Spitze des Penis. Ist die Analregion verklebt, z.B. weil der Hund Durchfall hat, duscht man den After ab oder reinigt ihn mit einem feuchten Tuch. Bei Bedarf kann man ihn auch mit einer Heilsalbe einreiben. Auf eine verstopfte Analdrüse weist das Verhalten »Schlittenfahren« hin.

Bißverletzungen und Blutungen

Bei Raufereien kann es passieren, daß Ihr Husky gebissen wird. Untersuchen Sie ihn deshalb nach einer Auseinandersetzung auf Verletzungen. Blutet die Wunde, sollten Sie sie mit einem sauberen Tuch abdecken. Auch nicht blutende Bißwunden müssen vom Tierarzt behandelt werden, damit sich kein Abszeß bildet. Starke Blutungen, die ebenfalls bei einer Beißerei vorkommen können, aber auch bei einem Unfall, müssen Sie mit einem Druckverband oder durch Druck mit der Hand auf die Wunde stillen. Suchen Sie sofort einen Tierarzt auf.

Soforthilfe bei Vergiftungen

Haben Sie den Verdacht, daß sich Ihr Husky vergiftet hat, kann die Aufnahme des Giftes im Körper nur innerhalb 1/2 bis maximal 1 Stunde durch Brechmittel, Magenspülungen usw. verringert werden. Erreichen Sie nicht sofort einen Tierarzt, verabreichen Sie Ihrem Hund mittels einer Einwegspritze konzentrierte Kochsalzlösung (1 Eßlöffel Salz auf 100 ml Wasser), um Erbrechen auszulösen. Geben Sie ihm reichlich Wasser zu trinken und Kohletabletten zur Entgiftung. So schnell wie möglich zum Tierarzt!

Schlittenfahren deutet meist auf verstopfte Analdrüsen hin.

Medikamente verabreichen

Die Tablette wird weit hinten auf die Zunge gelegt.

Tabletten

Verstecken Sie die Tablette in einem Leckerbissen, z.B. in einem kleinen Stück Würstchen oder in Leberwurst. Falls das nicht klappt, öffnen Sie dem Hund den Fang und legen Sie ihm die Tablette weit hinten auf seine Zunge. Schließen Sie ihm das Maul wieder und beobachten Sie, ob er die Tablette auch schluckt.

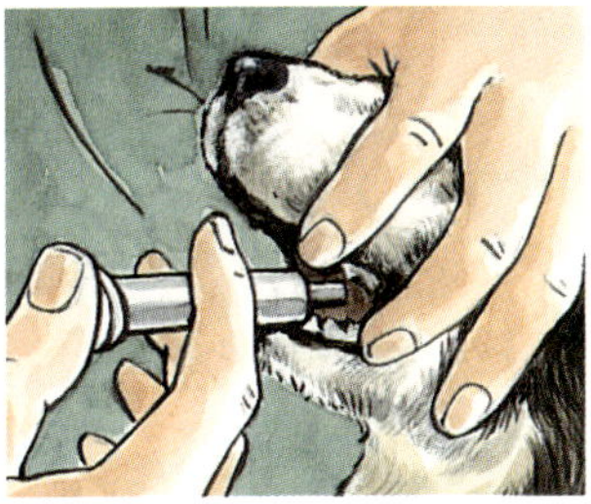

Flüssigkeiten werden mit einer Einwegspritze verabreicht.

Flüssige Medikamente

Flüssigkeiten verabreichen Sie Ihrem Husky am besten mit einer Einwegspritze (ohne Nadel), die Sie in der Apotheke oder bei Ihrem Tierarzt bekommen. Halten Sie den Kopf des Hundes leicht nach oben und führen Sie die Spritze seitlich zwischen den Zähnen in sein Maul. Spritzen Sie nur kleine Mengen Flüssigkeit ins Maul, damit sie der Hund auch schlucken muß.

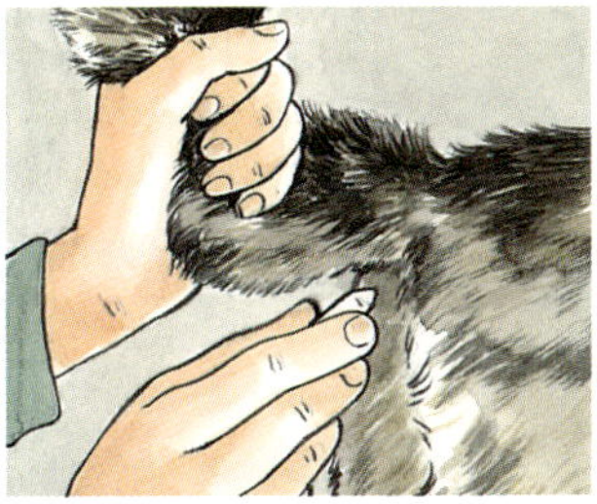

Zäpfchen grundsätzlich vorsichtig einführen.

Zäpfchen

Reiben Sie das Zäpfchen mit etwas Vaseline oder Creme ein, damit es besser rutscht, und schieben Sie es mit dem Finger möglichst tief in den After.

Ohrentropfen und Ohrensalbe

Medikamente für die Ohren sollten möglichst tief ins Ohr gelangen. Massieren Sie das Ohr, nachdem Sie die Medizin eingebracht haben, ein wenig, damit sie der Hund nicht gleich wieder herausschüttelt.

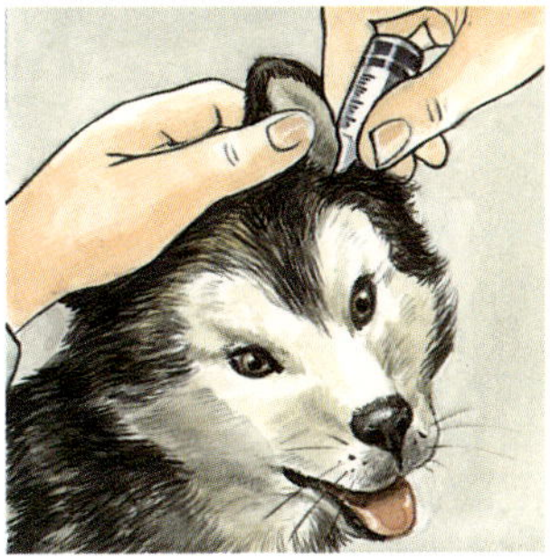

Ohrentropfen müssen tief ins Ohr gelangen.

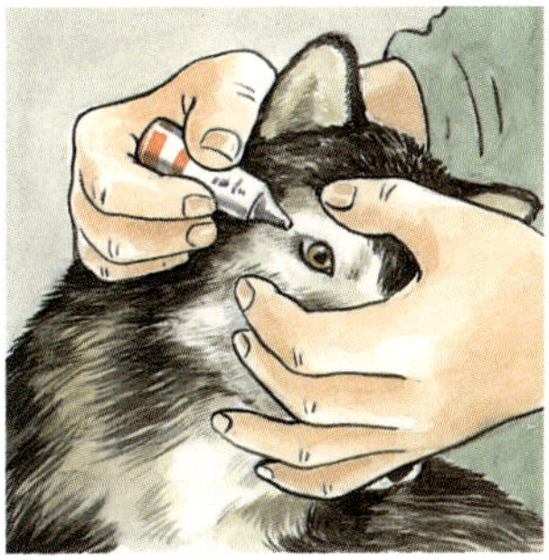

So verabreichen Sie Augentropfen richtig.

Augentropfen und Augensalbe

Tropfen werden hinter das leicht angehobene untere Augenlid geträufelt. Salbenstreifen dagegen legt man, je nach Krankheit, unter das leicht angehobene obere oder hinter das untere Lid.

REGISTER

Die halbfett gesetzen Seitenzahlen verweisen auf Farbfotos und Zeichnungen.

In dieser Stellung signalisiert der Husky: Spielen ist angesagt.

Adressen, die weiterhelfen

- Fédération Cynologique Internationale (FCI), 13 Place Albert I, B-6530 Thuin/Belgien
- Verband für das Deutsche Hundewesen e.V. (VDH), Postfach 104154, 44041 Dortmund
- Österreichischer Kynologenverband e.V. (ÖKV), Johann-Teufel-Gasse 8, A-1238 Wien
- Schweizerische Kynologische Gesellschaft (SKG/SCS), Postfach 8217, CH-3001 Bern
- Deutscher Club für Nordische Hunde e.V. (DCNH), Information und Zuchtbuchstelle: Wilhelm Schulte, Am Flinthörn 20, 26842 Ostrhauderfehn
- Österreichischer Club für Nordische Hunderassen und Schlittenhundesport, Gertrud Pinner, Ruthgasse 25, A-1190 Wien
- Schweizerischer Klub für Nordische Hunde (SKNH), Uli Irmiger, Alte Mühle, CH-5274 Mettau
- Arbeitsgemeinschaft Schlittenhundesport Deutschland e.V. (AGSD). Geschäftsstelle: Sabine Schnell, Sellmecke 5, 57392 Schmalenberg.
- Deutscher Schlittenhundesportverband e.V. (DSSV). Geschäftsstelle: Udo Schmidt, Postfach 1116, 67445 Haßloch.

Fragen zur Hundehaltung beantworten

Ihr Zoofachhändler und der Zentralverband Zoologischer Fachbetriebe Deutschlands e.V., 63225 Langen, Tel.: 06103/910732 (nur telefonische Auskunft möglich)

Haftpflichtversicherung

Fast alle Versicherungen bieten auch Haftpflichtversicherungen für Hunde an.

Krankenversicherung

- Uelzener Allgemeine Versicherungsgesellschaft AG, Postfach 2163, 29511 Uelzen
- AGILA Haustierkrankenversicherung AG, Breite Straße 6 - 8, 30159 Hannover

Registrierung von Hunden

Haustier-Zentralregister für die BRD e.V. TASSO, Postfach 1423, 65783 Hattersheim, Tel. 06190/4088

Wer seinen Hund vor Tierfängern und dem Tod im Versuchslabor schützen will, kann ihn hier registrieren lassen. Die Eintragung sowie die computergesteuerte Suche bei Vermißtenmeldung sind kostenlos.

Bücher, die weiterhelfen

(falls nicht im Buchhandel, dann in Bibliotheken erhältlich)

- Fetzer, Carin: Mein Schlittenhund. Oertel und Sporer Verlag, Reutlingen.
- Ludwig, Gerd: Mit dem Hund spielen und trainieren. Gräfe und Unzer Verlag, München.
- Meyer-Hechötter: Futterwerttabellen für Hunde und Katzen. Schlütersche Verlagsanstalt, Hannover.
- Pfirstinger, Rico: Huskies in Action. Kynos-Verlag, Murlenbach.
- Schlegl-Kofler, Katharina: Unser Welpe. Gräfe und Unzer Verlag, München.
- Schlegl-Kofler, Katharina: Hundeerziehung mit Herz und Verstand. Gräfe und Unzer Verlag, München.
- Streitferdt, Uwe: Mein kranker Hund. Gräfe und Unzer Verlag, München.

Zeitschriften, die weiterhelfen

- Das Tier. Hallwag Verlag, Brunnwiesenstraße 23, D-73760 Ostfildern.
- Der Hund. Deutscher Bauernverlag GmbH, Brunnenstraße 128, 13355 Berlin
- Trail. Verbandszeitschrift der Arbeitsgemeinschaft Schlittenhundesport Deutschland e.V. (AGSD).
- Trail-Nugget & Husky. Verbandszeitschrift des Deutschen Schlittenhundesportverbands e.V. (DSSV).
- Diverse Info-Broschüren des Deutschen Clubs für Nordische Hunde e.V. (DCNH)

Die Autorin

Katharina Schlegl-Kofler beschäftigt sich schon viele Jahre mit artgerechter Hundehaltung und -erziehung. Seit Jahren führt sie Welpenspieltage und Erziehungskurse für Hunde aller Rassen durch.

Die Fotografin

Die Fotos in diesem Buch stammen von Ulrike Schanz, mit Ausnahme von: Wegler: Seite U1. Ulrike Schanz arbeitet als freie Fotodesignerin und hat sich seit einigen Jahren erfolgreich auf Tierporträts spezialisiert hat.

Die Zeichnerin

Renate Holzner arbeitet als freie Illustratorin. Ihr breites Repertoire reicht von Strichzeichnungen über fotorealistische Illustrationen bis hin zur Computergrafik.

Dank

Autorin und Verlag danken den Mushern des AGSD-Trainingscamps Sachrang für die freundliche Unterstützung sowie Herrn Klaus Kennerknecht für die fachliche Beratung.
Bei ihm kann man sich Ernährungspläne für den eigenen Hund erstellen lassen (hund & katz Haustiernahrung, Ottobrunner Straße 13, 81737 München).
Die Fotografin dankt den Familien Haslbeck, Kokus, Neumayer und Patsch sowie Herrn Strasser (»Skyrunner of Univers«), daß ihre Huskys fotografiert werden durften.

Wichtige Hinweise

Die Haltungsregeln des Buches beziehen sich in erster Linie auf normal entwickelte Jungtiere aus einwandfreier Zucht, also auf gesunde, charakterlich einwandfreie Tiere. Wer einen erwachsenen Hund zu sich nimmt, muß sich bewußt sein, daß dieser bereits wesentliche Prägungen durch den Menschen erfahren hat.
Auch bei gut erzogenen Hunden besteht die Möglichkeit, daß sie Schäden an fremdem Eigentum anrichten oder gar Unfälle verursachen. Der Abschluß einer Hundehaftpflicht-Versicherung ist in jedem Fall zu empfehlen.
Lassen Sie bei Ihrem Hund auch alle notwendigen Schutzimpfungen und Entwurmungen durchführen, da sonst eine erhebliche gesundheitliche Gefährdung von Mensch und Tier möglich ist.
Zeigen sich bei Ihrem Husky Krankheitsanzeichen (→ Seite 57), sollten Sie unbedingt einen Tierarzt zu Rate ziehen. Einige Krankheiten sind auch auf den Menschen übertragbar (→ Seite 54). Gehen Sie im Zweifelsfall selbst zum Arzt, auch wenn Sie von Ihrem Hund gebissen wurden. Es gibt Menschen, die allergisch auf Tierhaare reagieren. Wenn Sie sich nicht sicher sind, fragen Sie Ihren Arzt vor der Anschaffung.

An unsere Leserinnen und Leser

Wir freuen uns, Ihre Meinung zu diesem TierRatgeber zu erfahren. Bitte schreiben Sie uns, wenn Sie Berichtigungen und Ergänzungsvorschläge haben oder wenn Ihnen etwas besonders gut gefällt.

Gräfe und Unzer Verlag
Redaktion Natur
Stichwort: TierRatgeber
Postfach 86 03 66
D-81630 München

Fotos: Buchumschlag und Innenteil

Umschlagvorderseite: Siberian Husky (großes und kleines Foto).
Umschlagrückseite: Husky mit Packtasche.
Seite 1: Huskys beim Zugtraining vor dem Fahrrad.
Seite 2/3: Diese Welpen können kein Wässerchen trüben.
Seite 4/5: Toben im Schnee ist herrlich.
Seite 6/7: Dieser Welpe fühlt sich sichtlich wohl.
Seite 64: Die beiden sind zu allerlei Schabernack aufgelegt.

Impressum

Redaktion:
Anita Zellner
Lektorat:
Angelika Lang
Umschlaggestaltung und Layout:
Heinz Kraxenberger
Zeichnungen:
Renate Holzner
Herstellung: Heide Blut/
Susanne Mühldorfer
Satz: Heide Blut
Reproduktion:
Fotolito Longo
Druck und Bindung:
Stürtz

ISBN 3-7742-3144-3

Auflage 4. 3. 2. 1.
Jahr 2000 99 98 97

EXPERTEN-RAT

Die Expertin gibt Antwort auf die 10 häufigsten Fragen zur Haltung eines Huskys.

1 Ist für den Husky eine Automatikleine empfehlenswert?

2 In welchen Fällen ist eine Kastration des Rüden empfehlenswert?

3 Wann sollte eine Hündin kastriert werden?

4 Wieviel kosten die einzelnen Ausrüstungsgegenstände für den Husky?

5 Worauf sollte man beim Kauf dieser Dinge achten?

6 Ist ein erwachsener Husky genauso gut zu erziehen wie ein Welpe?

7 Was geschieht auf einer Hundeausstellung?

8 Kann man einen Husky auch überanstrengen?

9 Was muß man bei Ausbildung und Erziehung des Huskys grundsätzlich beachten?

10 Was sollte man beim Kauf beachten und wieviel kostet ein Huskywelpe?